GUIDE SPÉCIAL

DE

L'ARTILLEUR

DE LA

GARDE NATIONALE.

AUXONNE,

X. T. SAUNIÉ, IMPRIMEUR-LIBRAIRE.

1831.

GUIDE SPÉCIAL

DE

L'ARTILLEUR

DE LA

GARDE NATIONALE,

Contenant 1° l'École du mousqueton; 2° les manœuvres des pièces de bataille; 3° l'Ordonnance sur le service des places; 4° la nouvelle Loi sur la Garde nationale.

AUXONNE,

X.-T. SAUNIÉ, IMPRIMEUR-LIBRAIRE.

1831.

INSTRUCTION

SUR

LE MANIEMENT

DU MOUSQUETON.

<table>
<tr><td>

Ire LEÇON.

Principe du port d'armes.
Tête à droite, à gauche.
A droite, à gauche.
Demi-tour à droite.

</td><td>

IIe LEÇON.

Maniement des armes.
Charge en onze temps.
Charge à volonté.
Feux { Position du 1er rang.
{ Position du 2e rang.

</td></tr>
</table>

Première leçon.

1. Cette leçon est donnée autant que possible, homme par homme, ou au plus à 4 hommes à la fois.

Principes du port d'armes.

2. L'arme dans le bras droit et au défaut de l'épaule, le canon d'aplomb, la sous-garde en avant; le bras légérement ployé, sans écarter le coude, de manière que le bout du canon dépasse l'aisselle de 3 pouces; la main droite embrassant la platine, le pouce au-dessus de la sous-garde, le premier doigt dessous, les autres sous le chien; la contre-platine sur la couture du pantalon, la main gauche pendante sur le côté.

I

3. L'instructeur fait exécuter au canonnier les mouvemens de tête à droite, tête à gauche, ainsi que les à droite et les à gauche et les demi-tours à droite en veillant à ce qu'il conserve toujours la régularité du port d'armes avant que de passer à la dernière leçon. Le demi-tour s'exécute comme dans la théorie d'infanterie à l'exception que l'on ne porte pas la main droite à la giberne.

Maniement des armes.

4. L'éxecution de chaque commandement ou partie de commandement forme un temps; mais ce temps se divise en mouvemens pour en démontrer le mécanisme et en faciliter l'éxécution.

La dernière syllabe d'un commandement ou d'une partie de commandement, décide l'éxécution vive d'un temps d'éxercice, ou du premier mouvement de ce temps, quand il est divisé. Les commandemens deux trois etc., décident celle des autres mouvemens.

5. Dès que le canonnier connaît bien les mouvemens d'un temps, on lui montre a les exécuter sans s'arrêter sur chacun; mais il en observe le mécanisme afin d'éviter que l'arme ne soit escamotée.

6. L'instructeur porte une attention particulière à ce que le maniement des armes ne dérange pas la position du corps; il n'emploie à cet exercice que la moitié du temps de la leçon et le reste à la marche.

7. Quand on veut faire repos on fait reposer sur les armes et mettre les armes a terre.

8. Quand on veut faire en place-repos, on fait d'abord reposer sur les armes, mais si les armes sont chargées on fait mettre l'arme au bras.

9. Le canonnier étant au port-d'armes, l'instructeur commande.

Reposez-vous — (SUR VOS) ARMES.

Un temps et trois mouvemens.

1. A la dernière partie du commandement, qui est
armes, détacher l'arme avec la main droite, perpendiculairement et à quatre pouces de l'épaule; la saisir
en même temps de la main gauche à l'embouchoir.

2. Saisir l'arme avec la main droite à trois pouces
au-dessus de la main gauche.

3. Abandonner l'arme de la main gauche, qui se
replace vivement sur le côté; allonger le bras droit;
laisser glisser l'arme dans la main droite, jusqu'à terre,
sans frapper; le talon de la crosse à deux pouces et
à hauteur de la pointe du pied droit; le coude près
du corps, le canon entre le pouce et les trois premiers doigts allongés, le petit doigt derrière le canon.

Portez — (VOS) ARMES.

10. 1. A la dernière partie du commandement,
élever l'arme avec la main droite, perpendiculairement
le bout du canon à quatre pouces de l'épaule; saisir
l'arme de la main gauche à l'embouchoir.

2. Descendre la main droite, la placer à la platine,
le pouce au-dessus de la sous-garde, le premier doigt
dessous, les autres sous le chien.

3. Appuyer l'arme à l'épaule avec la main droite
et replacer vivement la main gauche sur le côté.

Présentez — (VOS) ARMES.

11. A la dernière partie du commandement, apporter l'arme avec la main droite vis-à-vis le milieu du

corps, le canon d'aplomb, la sous-garde en avant, l'avant-bras collé au corps sans être gêné; saisir l'arme de la main gauche, au dessus et contre le ressort de batterie, le pouce allongé sur le canon, le poignet à hauteur du coude, la main droite quittant alors la sous-garde, saisit la poignée, les doigts allongés.

Portez — (vos) ARMES.
Un temps.

12. A la dernière partie du commandement, placer la main droite à la sous-garde; rapporter l'arme avec la main droite contre l'épaule, le canon d'aplomb, et replacer en même temps la main gauche sur le côté.

L'arme — (AU) BRAS.
Un temps et quatre mouvemens.

13. 1. A la dernière partie du commandement, détacher l'arme avec la main droite perpendiculairement et à quatre pouces de l'épaule; la saisir en même temps de la main gauche à l'embouchoir.

2. Elever l'arme avec les deux mains, en la tournant le canon en avant, pour la placer vis-à-vis le défaut de l'épaule gauche, la main gauche à hauteur du col, le pouce allongé; glisser la main droite jusqu'à la naissance de la crosse, dont le plat s'appuie à la hanche.

3. Placer l'avant-bras gauche sur la poitrine, le chien appuyé sur l'avant-bras, la main à plat sur le téton droit, les doigts joints, le pouce détaché.

4. Replacer vivement la main droite sur le côté.

Portez — (vos) ARMES.
Un temps et quatre mouvemens.

(5)

14. 1. A la dernière partie du commandement, saisir l'arme avec la main droite à la naissance de la crosse.

2. Détacher l'arme de l'épaule à quatre pouces, placer la main gauche à l'embouchoir, le pouce allongé, l'avant-bras contre la platine.

3. Descendre l'arme avec les deux mains, en tournant la sous-garde en avant; l'apporter perpendiculairement vis-à-vis et à quatre pouces de l'épaule droite, la main gauche un peu au-dessus de la hanche droite; la main droite se replaçant à la platine.

4. Appuyer l'arme à l'épaule avec la main droite et replacer vivement la main gauche sur le côté.

L'arme sur l'épaule droite.
Un temps et deux mouvemens.

15. 1. A la dernière partie du commandement, détacher l'arme perpendiculairement à quatre pouces de l'épaule, avec la main droite, en l'élevant un peu, et la saisir de la main gauche à la poignée.

2. Ressaisir l'arme avec la main droite à la crosse, la placer sur l'épaule droite, la platine en dehors, le bout du canon en l'air, dirigé en arrière à gauche, et replacer vivement la main gauche sur le côté.

Portez — (vos) armes.
Un temps et deux mouvemens.

16. 1. A la dernière partie du commandement, redresser l'arme avec la main droite, en la saisissant de la main gauche à la poignée, la sous-garde en avant; et la descendre perpendiculairement, la main droite se replaçant à la platine.

2. Appuyer l'arme à l'épaule avec la main droite et replacer vivement la main gauche sur le côté.

(6)

L'arme sous le bras-droit.

Un temps et trois mouvements.

17. 1. A la dernière partie du commandement, détacher l'arme perpendiculairement à quatre pouces de l'épaule, avec la main droite, en l'élevant un peu, et la saisir de la main gauche à la poignée.

2. Saisir l'arme avec la main droite, le petit doigt sentant le ressort de batterie, le pouce allongé le long du bois.

3. Chasser la crosse sous le bras, avec la main gauche, en tournant l'arme avec la main droite, le canon en dessous, la batterie au-dessus de la hanche, la sous-garde touchant le corps, le bout du canon dirigé vers la terre; replacer vivement la main gauche sur le côté.

Portez — (VOS) ARMES.

Un temps et trois mouvements.

18. 1. A la dernière partie du commandement, redresser l'arme avec la main droite, en tournant la sous-garde en avant, la batterie en dehors, la main droite à hauteur du téton, le pouce allongé le long du bois; la saisir de la main gauche à la naissance de la crosse.

2. Descendre l'arme perpendiculairement, avec la main gauche, la droite se replaçant à la platine.

3. Appuyer l'arme à l'épaule avec la main droite, et replacer vivement la main gauche sur le côté.

Reposez-vous — (SUR VOS) ARMES.

19. Comme il est prescrit n°. 9.

L'arme — (A) TERRE.

Un temps et deux mouvements.

20. 1. A la dernière partie du commandement, tourner l'arme avec la main droite, la contre-platine en avant ; courber le corps, avancer le pied gauche, le talon vis-à-vis l'embouchoir, poser l'arme à terre droit devant soi, la sous-garde près de terre, le talon de la crosse restant à la hauteur de la pointe du pied droit, le jarret droit un peu plié, le talon droit levé.

2. Se relever, rapporter le pied gauche à côté du droit, et replacer les mains sur le côté.

Relevez — (vos (ARMES.

Un temps et deux mouvemens.

21. 1. A la dernière partie du commandement, courber le corps avancer le pied gauche, le talon vis-à-vis de l'embouchoir.

2. Relever l'arme en rapportant le pied gauche à côté du droit ; la tourner aussitôt avec la main droite, la sous-garde en avant, la main gauche se replaçant sur le côté.

Lorsque le canonnier a le sabre, en même temps qu'il exécute le premier mouvement des n°s. 20 et 21, il saisit le sabre avec la main gauche, la pointe en avant, la main fermée, le pouce allongé et touchant l'anneau du bracelet inférieur.

Le canonnier étant à la position de *présentez-vos armes*, l'instructeur commande :

Genou — (A) TERRE.

Un temps.

22. A la dernière partie du commandement, porter le pied droit en arrière, en tournant un peu la pointe du pied gauche en dedans ; mettre le genou à terre à six pouces en arrière et a droite du talon gauche; l'avant-bras gauche appuyé sur la cuisse; laisser glisser l'arme à terre sans frapper, et abandonner l'arme de la main droite, qui se place à la coiffure, le dessus de la main contre la visière, les doigts étendus et joints, le coude élevé.

Portez — (VOS) ARMES.
Deux temps.

23. 1. A la première partie du commandement (*portez*), élever l'arme de la main gauche, la saisir à la poignée avec la main droite; se relever, rapporter le pied droit à côté du gauche et reprendre la position de *présentez-vos armes*.

2. A la dernière partie du commandement (*armes*), porter les armes comme il est prescrit au n.° 12.

Le canonnier étant à la position de *présentez-vos armes*, l'instructeur commande :

Haut — (LES) ARMES.
Un temps.

24. A la dernière partie du commandement, élever l'arme avec les deux mains, en tournant la platine en avant, la main droite tenant toujours la poignée; la main gauche ouverte, les doigts allongés contre le bois, à hauteur et à six pouces du col; les coudes abattus.

Pour faire rompre les rangs l'instructeur commande :

1. *Rompez vos rangs.*
2. MARCHE.

Charge en onze temps.

25. Le canonnier étant au port-d'armes, l'instructeur commande : charge en onze temps.

1. *Chargez* — (VOS) ARMES.
Un temps et deux mouvemens.

A la dernière partie du commandement, faire un demi-à-droite sur le talon gauche en portant le droit en equerre derrière le gauche, le coude-pied droit vis-à-vis et à trois pouces du talon; détacher l'arme perpendiculairement à quatre pouces de l'épaule, avec la main droite, en l'élevant un peu, et la saisir de la main gauche à hauteur du téton droit, le petit doigt sentant le ressort de batterie, le pouce allongé sur le bois; baisser le coude et saisir la poignée, sans que le premier doigt quitte la sous-garde.

2. Chasser avec la main droite la crosse sous le bras, la poignée à deux pouces au-dessus du téton droit, le coude gauche collé au corps; le bout dn canon à hauteur du menton; le pouce de la main droite contre la batterie, au-dessus de la pierre; les quatre doigts fermés, l'avant-bras droit le long de la crosse.

Ouvrez — (LE) BASSINET.
Un temps.

26. A la dernière partie du commandement, découvrir le bassinet, en poussant fortement la batterie avec le pouce de la main droite, et résistant de la main gauche; retirer le coude droit en arrière; porter la main droite à la giberne et l'ouvrir.

3. *Prenez* — (LA) CARTOUCHE.
Un temps.

27. A la dernière partie du commandement, prendre une cartouche la tenir entre le pouce et les deux premiers doigts, la porter de suite entre les dents.

4. *Déchirez* — (LA) CARTOUCHE.
Un temps.

28. A la dernière partie du commandement, déchirer la cartouche jusqu'à la poudre, la tenant près de l'ouverture entre le pouce et les deux premiers doigts ; la descendre de suite et la placer perpendiculairement contre le bassinet, la paume de la main tournée vers le corps ; le coude appuyé sur la crosse.

5. *Amorcez.*
Un temps et deux mouvemens.

29. 1 Au commandement *amorcez*, baisser la tête, porter l'œil sur le bassinet le remplir de poudre, comprimer la cartouche près de l'ouverture avec le pouce et les deux premiers doigts ; relever la tête, et porter la main droite derrière la batterie, en appuyant les deux derniers doigts dessus.

2. Fermer fortement le bassinet avec les deux derniers doigts, en résistant de la main gauche, les deux premiers doigts et le pouce tenant toujours la cartouche, saisir de suite l'arme à la poignée avec les deux derniers doigts et la paume de la main droite ; le poignet joint au corps, le coude en arrière et un peu détaché du corps.

6. *L'arme* — (A) GAUCHE.
Un temps et deux mouvemens.

30. 1. A la dernière partie du commandement, redresser l'arme avec les deux mains en étendant vivement le bras droit ; passer l'arme devant le corps, en la tournant dans la main gauche, la batterie en dehors ; faire en même temps face en tête, en tournant

sur le talon gauche et portant le pied droit en avant le talon contre le coude-pied gauche.

2. Abandonner l'arme de la main droite; la descendre avec la gauche, le long et près du corps, l'avant-bras appuyé au-dessus de la hanche, la main gauche touchant le ressort de batterie, la sous-garde touchant la cuisse gauche, le bout du canon dans la direction de l'œil droit et à quatre pouces du corps ; saisir l'arme avec les deux derniers doigts de la main droite, à un pouce de l'embouchure, les deux premiers doigts et le pouce contenant toujours la cartouche.

7. *Cartouche* — (DANS LE) CANON.

31. A la dernière partie du commandement, porter l'œil sur le bout du canon ; renverser la main droite vers le corps, en élevant le coude à hauteur du poignet et verser la cartouche dans le canon ; secouer la cartouche, l'enfermer avec le premier doigt et laisser la main renversée, les doigts joints et allongés.

8. *Tirez* — (LA) BAGUETTE.
Un temps et deux mouvemens.

32. 1. A la dernière partie du commandement, saisir la baguette entre le pouce et le premier doigt de la main droite, les autres joints, le coude à hauteur du poignet, la tirer vivement en allongeant le bras jusqu'au bout du canon, la ressaisir par le milieu entre le pouce et le premier doigt, la main renversée, la paume de la main en avant et la tourner rapidement en fermant les doigts, le gros bout de la baguette vis-à-vis l'embouchure du canon sans y être engagé.

2. Introduire le gros bout de la baguette dans le canon et l'y enfoncer jusqu'à la main.

9. *Bourrez.*

33. 1. Au commandement *bourrez*, enfoncer trois fois de suite, avec force, la baguette dans le canon, les doigts en-dessous et fermés, le coude détaché du corps.

10. *Remettez* — (LA) BAGUETTE.

34. 1. A la dernière partie du commandement, tirer vivement la baguette hors du canon, en allongeant le bras; comme au premier mouvement de tirez la baguette, porter le petit bout de la baguette à l'entrée de l'embouchoir sans l'y engager.

2. Engager le petit bout dans le trou et faire glisser la baguette avec le pouce, et saisir le canon avec la main droite, le pouce allongé à un pouce de l'embouchure.

11. *Portez* — (VOS) ARMES.
Un temps et deux mouvemens.

35. 1. A la dernière partie du commandement, élever l'arme perpendiculairement avec la main gauche, en tournant le canon à quatre pouces et vis-à-vis de l'épaule droite; la main gauche à hauteur de la hanche, replacer la main droite à la platine, et rapporter le pied droit à côté du gauche.

2. Appuyer l'arme à l'épaule avec la main droite, et replacer vivement la main gauche sur le côté.

Charge à volonté.

36. Le canonnier exécutant bien la charge en onze temps, l'instructeur commande charge à volonté.

1. *Chargez* — (vos) ARMES.

A la dernière partie du commandement exécuter les onze temps de la charge, sans s'arrêter sur aucun et sans s'attendre les uns les autres.

L'instructeur doit exiger que les canonniers chargent leurs armes avec calme et sans précipitation ; qu'ils conservent bien la position du corps en passant exactement par touts les mouvemens, notamment par ceux d'amorcer, mettre la cartouche dans le canon et bourrer.

Des feux.

37. L'instructeur doit toujours se placer derrière la troupe pour commander les feux.

Position du premier rang.

L'instructeur commande :

Apprêtez — (vos) ARMES.
Un temps et deux mouvemens.

1. A la dernière partie du commandement faire un demi-à-droite sur le talon gauche, en portant le pied droit en equerre derrière le gauche, le coude-pied droit vis-à-vis et à 3 pouces du talon ; détacher l'arme avec la main droite perpendiculairement et à quatre pouces de l'épaule ; la saisir de la main gauche le petit doigt touchant le ressort de batterie, le pouce sur le canon ; l'élever avec les deux mains, la gauche à hauteur du col ; placer le pouce de la main droite sur la tête du chien, le 1er doigt sur la sous-garde, les autresdessous, le coude à hauteur de la main.

2. Armer en fermant vivement le coude droit et saisir l'arme à la poignée.

(En) joue.
Un temps.

38. Au commandement *joue*, abaisser vivement le bout du canon ; glisser la main gauche jusqu'à l'embouchoir, tenant l'arme avec le pouce et le premier doigt de cette main, les autres fermés : appuyer la crosse contre l'épaule, le bout du canon un peu baissé, les coudes abattus sans être serrés au corps ; baisser la tête sur la crosse, fermer l'œil gauche, diriger l'œil droit le long du canon pour ajuster, et placer le premier doigt de la main droite sur la détente.

— Si l'on veut faire redresser les armes avant de faire feu, l'instructeur commande :

Redressez — (vos) ARMES.
Un temps.

39. A la dernière partie du commandement, retirer le doigt de dessus la détente, redresser vivement l'arme et reprendre la position du deuxième mouvement d'apprêtez vos armes.

— Si après avoir fait apprêter on redresssr les armes, on veut les faire porter sans faire feu l'instructeur commande :

Portez — (vos) ARMES.
Deux temps.

40. 1. A la première partie du commandement *portez*, placer le pouce de la main droite croisé sur la tête du chien, le premier doigt sur la détente, les autres sous la sous-garde ; tirer la tête du chien en arrière, appuyer le premier doigt sur la détente, pour désarmer, en soutenant le chien avec le pouce ; l'a-

mener en avant jusqu'à ce que la pierre touche la batterie et l'assurer dans le cran du repos.

2. A la dernière partie du commandement *armes*, descendre l'arme avec les deux mains, la droite se replaçant à la platine; appuyer l'arme à l'épaule; replacer la main gauche sur le côté; faire face en tête, et rapporter le pied droit à côté du gauche.

— Le canonnier étant en joue, si l'on veut faire feu, l'instructeur commande :

Feu.
Un temps.

41. Au commandement *feu*, appuyer le premier doigt sur la détente et faire feu, sans baisser d'avantage la tête, ni la détourner, et rester dans cette position.

— Si après avoir fait feu, on ne veut pas faire charger les armes, l'instructeur commande :

Portez — (vos) ARMES.
Un temps.

42. A la première partie du commandement *portez*, retirer vivement l'arme et placer la crosse sous le bras droit, en rapportant la main gauche contre le ressort de batterie, la sous-garde un peu en-dehors, la poignée à deux pouces du téton droit, le coude gauche collé au corps, le bout du canon à hauteur du menton; placer le pouce de la main droite sur le chien, le premier doigt sur la détente, les autres derrière la sous-garde mettre le chien au repos, en prenant garde de ne pas l'armer; fermer le bassinet et saisir l'arme à la poignée.

2. A la dernière partie du commandement *armes*,

porter l'arme en faisant face en tête, et replacer vivement la main gauche sur le côté.

— Si après avoir fait feu on veut faire charger les armes l'instructeur commande :

Chargez.
Un temps.

43. Au commandement *chargez*, retirer vivement l'arme, et placer la crosse sous le bras droit, en rapportant la main gauche contre le ressort de batterie, la sous-garde un peu en dehors, la poignée à deux pouces au-dessus du téton droit; le coude gauche collé au corps; le bout du canon à hauteur du menton; mettre le chien au repos, exécuter la charge à volonté, et porter l'arme en faisant face en tête.

Position du deuxième rang.
44. L'instructeur commande :

Apprêtez — (VOS) ARMES.
Un temps et deux mouvemens.

1. A la dernière partie du commandement, exécuter le premier mouvement d'apprêter vos armes n°37. déboiter en même temps en portant le pied droit à six pouces sur la droite et rapportant le pied gauche en avant du coude-pied droit, pour être placé vis-à-vis du créneau à droite de son chef de file.

2. Exécuter le deuxième mouvement d'apprêtez vos armes n.° 37.

(*En*) *joue.*
Un temps.

45. Au commandement *joue*, porter le pied gauche à six pouces en avant, le jarret droit tendu;

abaisser vivement le bout du canon, de manière qu'il dépasse le premier rang; appuyer la crosse contre l'épaule droite; exécuter le reste du mouvement comme il est prescrit n.° 38.

Redressez — (vos) ARMES.
Un temps.

46. Comme il est préscrit n.°39 en restant vis-à-vis du crénéau, et rapportant le pied gauche vers le coude-pied droit.

Portez — (vos) ARMES.
Deux temps.

47. 1. A la première partie du commandement, exécuter le premier mouvement de portez vos armes n.° 40.

2. A la dernière partie du commandement, descendre l'arme avec les deux mains, la droite se replaçant à la platine; appuyer l'arme à l'épaule, replacer vivement la main gauche sur le côté; revenir en même temps derrière son chef de file, en portant le pied gauche à six pouces sur la gauche; faire face en tête et rapporter le pied droit à côté du gauche.

— Le canonnier étant en joue, si l'on veut faire feu, l'instructeur commande :

Feu.

48. Comme il est préscrit n.° 41.

Portez — (vos) ARMES.
Deux temps.

49. 1. A la première partie du commandement, exécuter le premier mouvement de portez vos armes n.° 42.

2. A la dernière partie du commandement, exécuter le deuxième mouvement de portez vos armes n° 42.

— Si après avoir fait feu, l'instructeur veut faire charger les armes, il commande :

Chargez.

50. Au commandement chargez, retirer vivement l'arme et placer la crosse sous le bras droit, en rapportant la main gauche contre le ressort de batterie, la sous-garde un peu en dehors, la poignée à deux pouces au-dessus du téton droit ; le coude gauche collé au corps ; le bout du canon à hauteur du menton ; mettre le chien au repos ; rapporter en même temps le pied gauche à 3 pouces du coude-pied droit ; exécuter la charge à volonté ; porter l'arme en faisant face en tête, et se placer derrière son chef de file.

Inspection des armes.

51. Le canonnier étant à la position de reposez vous sur vos armes, l'instructeur commande :

Inspection — (DES) ARMES.

Un temps et deux mouvemens.

Élever vivement l'arme de la main droite, en la portant vis-à-vis l'épaule gauche, la saisir avec la main gauche et tournant le canon en dehors, le petit doigt sentant le ressort de batterie, l'avant-bras appuyé au-dessus de la hanche, le bout du canon dans la direction de l'œil droit et à quatre pouces du corps ; saisir la baguette, l'arracher et l'introduire dans le canon comme dans le huitième temps de la charge, saisir le canon avec la main droite à un pouce de l'extrémité.

2. Prendre la position de reposez vous sur vos armes.

Alors l'instructeur inspectera successivement l'arme de chaque soldat en passant devant le rang. Chaque soldat à mesure que l'instructeur passera devant lui élevera vivement son arme de la main droite; la saisira avec la main gauche le petit doigt sentant le ressort de batterie le pouce allongé le long de la monture, la platine en dehors, la main gauche à hauteur du menton, l'arme vis-à-vis l'œil gauche.

L'instructeur prendra l'arme et la lui rendra après l'avoir examinée. Le soldat, recevra l'arme de la main gauche se placera comme au premier mouvement d'inspection des armes, replacera la baguette dans ses tenons et reprendra la position de reposez sur les armes.

Si au lieu de faire l'inspection des armes l'instructeur veut seulement faire mettre la baguette dans le canon il commandera :

Baguette — (DANS LE) CANON.

52. Mettre la baguette dans le canon comme il a été expliqué ci-dessus, la mettre ensuite successivement à mesure que l'arme de chaque soldat aura été visitée. Dans ce cas il n'elevera pas l'arme pour la présenter à l'instructeur, celui-ci devra seulement examiner si l'arme n'est point chargée.

INSTRUCTION

SUR LE SERVICE

DES BOUCHES A FEU

DE BATAILLE.

PRÉAMBULE.

Le chapitre I.er a pour objet d'enseigner d'abord individuellement les fonctions des servans autour de la pièce, et ensuite leur action d'ensemble pour l'exercice complet d'une ou de plusieurs bouches à feu, dans toutes les circonstances du service.

Huit hommes sont nécessaires pour l'exécution d'une bouche à feu.

Deux, partageant les détails de la charge, et placés à droite et à gauche de la pièce, sont nommés *prmiers servans*, et désignés : *premier servant de droite* et *premier servant de gauche.*

Un, destiné à pointer, à amorcer la pièce, et placé à gauche, est nommé *pointeur.*

Un, chargé d'aider le pointeur, et placé à droite, est nommé *pointeur servant.*

Un, chargé du service du boute-feu, et placé à droite, est nommé *second servant de droite.*

Trois, chargés de l'approvisionnement de la pièce, et placés deux à gauche et un à droite, sont nommés *pourvoyeurs*, et désignés : *second et troisième servans de gauche*, et *troisième servant de droite, garde-coffret*.

Le chapitre I.ᵉʳ est divisé en neuf leçons : les six premières ont pour objet les fonctions de chaque servant autour de la pièce ; les trois dernières comprennent l'exécution complète de la pièce et de l'obusier avec le concours de tous leurs servans.

Les fonctions des deux premiers servans sont divisées par temps, qui se décomposent en mouvemens.

La division par temps a pour but d'arrêter les servans sur les circonstances de la charge qui doivent appeler plus particulièrement l'attention de l'instructeur.

La décomposition en mouvemens fait connaître au recrue le mécanisme de la manœuvre, et donne à l'instructeur les moyens de saisir jusqu'aux moindres détails de l'exécution.

Les fonctions des autres servans sont seulement divisées par temps.

Lorsque le texte a paru trop long pour être débité sur le terrain, et qu'on a pu le diviser en plusieurs parties sans nuire à la clarté de la rédaction et à l'exécution du mouvement, on a formé autant de paragraphes qu'il y a de ces divisions, et l'on a distingué, par un caractère plus fin, ceux que l'instructenr doit s'abstenir de réciter au recrue, pour moins fatiguer son attention.

Les détails qui ne sont pas indispensables à l'intelligence du mouvement et à son exécution, mais qui sont nécessaires pour obtenir de l'uniformité et fixer invariablement les manœuvres, sont renvoyés dans des observations placées à la suite des leçons.

L'instructeur énoncera le détail de chaque commandement d'une manière claire et précise, en se servant, autant que possible, des expressions employées dans le texte, il exécutera toujours lui-même les mouvemens qu'il aura commandés, afin de donner ainsi l'exemple en même temps qu'il expliquera le principe; il fera recommencer plusieurs fois, s'il est nécessaire, l'exécution d'un même commandement, et il ne passera à un commandement nouveau que quand l'exécution du précédent ne laissera rien à désirer.

Les premières fois, il placera l'homme de recrue à sa position, mais plus tard le canonnier devra se placer correctement seul et rectifier sa position et ses mouvemens sur le simple avertissement de l'instructeur, et ce dernier n'agira plus lui-même que lorsqu'il y sera forcé par le manque d'intelligence de l'homme qu'il trouvera en défaut.

L'instructeur réunira trois à quatre hommes pour les deux premières leçons, et six hommes au plus pour les quatre suivantes.

Il appellera successivement à la pièce chacun des hommes qu'il sera chargé d'instruire, et répétera l'instruction de chaque servant jusqu'à ce que tous l'aient reçue; les hommes en repos participeront à la leçon en observant attentivement celui qui sera exercé; ils profiteront des avis qu'il recevra, et se prémuniront contre les fautes dont ils le verront reprendre.

La pièce sera au champ de manœuvre, sans avant-train; les leviers seront dans les anneaux de pointage, et les armemens liés ensemble seront suspendus au bouton de culasse.

PREMIÈRE LEÇON.

Fonction du premier servant de droite.

1 L'instructeur placera les hommes de recrue sur le côté gauche de la pièce, y faisant face, et il commencera par leur donner les explications suivantes :

Le canon prend aussi le nom de *pièce* et de *bouche à feu* ; il est monté sur un *affût*.

On désigne encore assez souvent par le nom de *pièce* la réunion de la bouche à feu et de son affût.

L'instructeur indiquera ensuite de la main chacun des objets ci-après :

CANON.	ÉCOUVILLON.
L'ame.	La hampe.
La bouche.	La brosse.
La tranche de la bouche.	Le refouloir.
Le bourlet en tulipe.	Les viroles.
La volée.	
La lumière.	

La pièce étant disposée pour être manœuvrée, *sa droite et sa gauche* sont la droite et la gauche de l'homme placé en arrière de l'affût et faisant face du côté de la bouche.

L'instructeur appellera un homme sur le côté droit de la pièce, le dénommera *premier servant de droite*, et lui fera les commandemens suivans :

1. *A vos postes.*

2. Se placer à 5o centimètres (18 pouces) en dehors de la roue (mesure prise de la poitrine), le côté

gauche à hauteur de la tranche de la bouche, à la position du soldat sans armes.

Tenir l'écouvillon la brosse à gauche, la main droite vers le milieu de la hampe, la main gauche à 5o centimètres environ de la droite, l'une et l'autre les ongles en dessus, les bras pendant naturellement.

2. *En action.*

3. Rester immobile.

4. 3 *Chargez* (1 temps, 5 mouvemens).

1.º Élever l'écouvillon parallèlement à la direction des épaules et à leur hauteur, en tendant le bras droit, laisser glisser la hampe dans la main gauche, le bras ployé, le coude au corps, la main vis-à-vis et à 16 centimètres (6 pouces) de l'épaule.

Porter le pied gauche à hauteur de la tranche de la bouche, à distance égale de la roue et de la pièce; assembler du droit.

2.º Écarter le pied droit à 65 centimètres (2 pieds) du gauche, en tendant le jarret gauche et ployant le droit; présenter la brosse à la bouche de la pièce, sans l'engager, la hampe dans le prolongement de l'ame (1).

Les talons sur une ligne parallèle à la direction de la pièce, les pieds tournés en dehors, mais inégalement, le droit de-

---

(1) *Règle générale.* Dans le maniement de l'écouvillon, le premier servant doit ployer le jarret du côté où il veut porter le corps et tendre l'autre : ainsi on ne répétera plus cette indication dans les mouvemens qui vont suivre. Cette observation doit être rigoureusement appliquée dans tous les mouvemens pour introduire l'écouvillon dans la pièce ou refouler, et pour l'en sortir.

vant être plus tourné que l'autre : le corps d'aplomb sur les hanches, les épaules effacées, en refusant légèrement la droite.

3.º Jeter un coup d'œil sur la lumière pour s'assurer qu'elle est bouchée ; engager l'écouvillon dans l'ame, l'enfoncer jusqu'à la main droite, placer en même temps la main gauche à plat sur le côté de la cuisse.

Conserver l'immobilité des pieds, l'aplomb du corps et la carrure des épaules.

4.º Glisser la main droite le long de la hampe, la saisir à 16 centimètres de la virole du refouloir.

5.º Pousser l'écouvillon jusqu'au fond de l'ame, replacer la main gauche à la hampe, à 16 centimètres de la droite du côté de la bouche, les ongles en dessous ; fixer les yeux sur la lumière.

5. 4. *Écouvillonnez* (1 temps, 8 mouvemens).

1º. Tourner trois fois l'écouvillon de droite à gauche et de dessus en dessous ; le tourner ensuite trois fois dans l'autre sens, les yeux toujours fixés sur la lumière.

Replacer la main gauche sur le côté de la cuisse.

2.º Retirer l'écouvillon à moitié, le bras tendu.

3.º Glisser la main droite le long de la hampe, la saisir vers le milieu.

4.º Retirer entièrement l'écouvillon le bras tendu, la hampe dans le prolongement de l'ame, le corps d'aplomb sur les hanches, la jambe droite ployée, la gauche tendue.

5.º Faire mouliner l'écouvillon à l'aide de la main gauche.

2.

Dresser l'écouvillon la brosse en bas, la main gauche aidant en appuyant sur la hampe, ployer en même temps le bras droit pour ramener le poignet vis-à-vis le milieu du corps; dès que la hampe est verticale, la saisir avec la main gauche près et au-dessus de la droite. Achever de faire tourner l'écouvillon entre la pièce et le corps, en tendant le bras droit, la hampe glissant dans la main gauche jusqu'à la virole du refouloir, et retourner la main droite les ongles en dessus.

6.° Engager le refouloir dans l'ame et l'enfoncer à moitié, comme l'écouvillon (3.ᵉ mouvement du n.° 4).

7.° Glisser la main le long de la hampe, la saisir à 16 centimètres de la virole de la brosse.

8 Pousser la charge avec force au fond de l'ame.

6. 5. *Refoulez* (1 temps, 8 mouvemens).

1.° Retirer le refouloir à moitié, le bras tendu.

2. Refouler un coup.

3. Retirer le refouloir à moitié, comme l'écouvillon (2.ᵉ mouvement du n.° 5).

4. Glisser la main droite le long de la hampe, la saisir vers le milieu.

5. Retirer entièrement le refouloir, comme l'écouvillon (4.ᵉ mouvement du n.° 5).

6. Se relever sur la jambe gauche, assembler du pied droit, faisant tourner l'écouvillon avec la main droite, le refouloir en bas, la main gauche imprimant le mouvement pour amener la hampe droit devant soi.

7. Faire en arrière un grand pas du pied droit pour le porter à la position dont il est parti, assembler du gauche en achevant de faire tourner l'écouvillon.

Recevoir la hampe dans la main gauche, les ongles en dessus, le bras gauche tombant naturellement ; retourner vivement la main droite pour la placer les ongles en dessus.

8. Écarter le pied gauche à 65 centimètres du droit, en tendant le jarret droit et ployant le gauche ; fixer les yeux sur la bouche de la pièce.

Les talons parallèles à la roue, les pieds tournés en dehors mais inégalement, le droit devant être tourné plus que l'autre, le corps d'aplomb sur les hanches.

6. *Feu.*

7. Le coup parti, se relever sur la jambe droite et assembler du pied gauche.

7. *Cessez le feu,*

8. Rester immobile.

9. Au commandement *repos*, poser l'écouvillon sur le moyeu de la roue, le refouloir à terre.

Observations relatives aux fonctions du premier servant de droite.

10. L'instructeur, ou un homme déjà exercé, assistera le premier servant de droite dans le maniement de l'écouvillon, en remplissant avec lui les fonctions de premier servant de gauche dans les actions d'écouvillon et de refouler.

La position du pied gauche à hauteur de la tranche de la bouche (1.er mouvement du commandement *chargez* n.° 4) ne doit pas être regardée comme absolue ; elle est indiquée comme étant la plus ordinaire ; mais le canonnier pourra, suivant le calibre et aussi d'après sa taille, porter le pied plus à gauche et à hauteur du bourlet, si cela est nécessaire pour être commodément placé.

La position de l'homme à la pièce doit être telle qu'il soit effacé et qu'il puisse voir la lumière ; les talons placés parallèlement à la direction de la pièce et les pieds tournés en dehors (3.ᵉ mouvement du commandement *chargez* n.° 4) lui donnent le moyen de satisfaire à cette double condition : de plus, les jarrets devant être alternativement tendus et ployés pendant la manœuvre, il est nécessaire qu'ils soient simétriquement placés, afin que ces mouvemens s'opèrent pour les deux avec la même facilité.

Il est très-important que le canonnier ait le jarret gauche ployé pendant le mouvement d'écouvillonner (1.ᵉʳ mouvement du n.° 5), afin de tenir constamment la brosse au fond de l'ame.

Si la lumière cessait d'être bouchée pendant qu'on charge la pièce, le premier servant de droite arrêterait la manœuvre de l'écouvillon en criant :

Bouchez la lumière.

II.ᵉ LEÇON.

Fonction du premier servant de gauche.

11. L'instructeur placera les hommes de recrue sur le côté droit de la pièce, y faisant face ; il répétera la nomenclature qu'il a déjà donnée dans la leçon précédente, et y ajoutera les explications suivantes, en indiquant toujours de la main les objets.

LA CARTOUCHE A BOULET.

Elle est composée de trois parties réunies :
  Le sachet contenant la poudre,
  Le boulet,
  Le sabot.

LA CHARGE A BALLES.

Elle est composée de deux parties séparées :

  Le sachet renfermant la poudre,
  La boîte en fer-blanc remplie de balles.

La boîte a un culot et une anse du côté opposé.

L'instructeur appellera un homme sur le côté gauche de la pièce, le dénommera *premier servant de gauche* et lui fera les commandemens suivans :

1. *A vos postes.*

12. Se placer à 5o centimètres en dehors de la roue (mesure prise de la poitrine), le côté droit à hauteur de la tranche de la bouche, à la position du soldat sans armes.

2. *En action.*

13. Rester immobile.

14. 3. *Chargez* (1 temps, 5 mouvemens).

1.° Porter le pied droit à hauteur de la tranche de la bouche, à distance égale de la roue et de la pièce ; assembler du gauche.

2. Ecarter le pied gauche à 65 centimètres du droit, en tendant le jarret droit et ployant le gauche.

Les talons placés sur une ligne parallèle à la direction de la pièce, les pieds tournés en dehors, mais inégalement, le gauche devant être plus tourné que l'autre ; le corps d'aplomb sur les hanches, les épaules effacées et refusant légèrement la gauche.

Saisir la hampe avec la main gauche, les ongles en dessus, près de la main du premier servant de droite et du côté du refouloir ; placer en même temps la main droite à plat sur le côté de la cuisse.

3. Aider le premier servant de droite à enfoncer l'écouvillon.

Conserver l'immobilité des pieds, l'aplomb du corps et la carrure des épaules.

4. Glisser la main gauche le long de la hampe, la saisir près de la virole du refouloir.

5. Aider le premier servant de droite à enfoncer entièrement l'écouvillon ; placer la main droite, les ongles en dessous, entre les mains du premier servant de droite.

15. 4. *Écouvillonnez* (1 temps, 8 mouvemens).

1.° Aider le premier servant de droite à tourner l'écouvillon au fond de l'ame ; replacer la main droite sur le côté de la cuisse.

2. Aider le premier servant de droite à retirer l'écouvillon à moitié, le bras tendu.

3.° Glisser la main gauche le long de la hampe, en suivant le mouvement de la main du premier servant de droite.

4.° Aider le premier servant de droite à retirer entièrement l'écouvillon, le bras tendu.

5. Abandonner l'écouvillon, tendre le jarret gauche et ployer le droit.

Recevoir la charge par la droite, le boulet dans la main gauche, le sachet dans la main droite, les ongles en dessus.

Faire face à la pièce sans bouger les pieds, introduire la charge dans l'ame.

Saisir la hampe avec la main gauche, les ongles en dessus, près de la main du premier servant et du côté de la brosse.

Replacer la main droite sur le côté de la cuisse.

6. Aider le premier servant de droite à pousser la charge.

7. Glisser la main le long de la hampe, la saisir près de la virole.

8. Aider le premier servant à enfoncer entièrement la charge.

16. 5. *Refoulez* (1 temps, 8 mouvemens).

1. Aider le premier servant de droite à retirer le refouloir à moitié.

2. L'aider à refouler.

3. Aider le premier servant de droite à retirer le refouloir à moitie, comme l'écouvillon (2^c mouvement du n° 17).

4. Glisser la main gauche le long de la hampe en suivant le mouvement de la main du premier servant.

5. Aider le premier servant de droite à retirer entièrement le refouloir, comme l'écouvillon. (4^c mouvement du n° 17).

6. Abandonner l'écouvillon, se relever sur la jambe droite et assembler du pied gauche.

7. Faire en arrière un grand pas du pied gauche

pour le porter à la position d'où il est parti, assembler du droit.

8. Écarter le pied droit à 65 centimètres du gauche en tendant le jarret gauche, et ployant le droit ; fixer les yeux sur la bouche de la pièce.

Les talons parallèles à la roue, les pieds tournés en dehors, mais inégalement, le gauche devant être plus tourné que l'autre, le corps d'aplomb sur les hanches.

17. 6. *Feu.*

Le coup parti, se relever sur la jambe gauche et assembler du pied droit.

18. 7. *Cessez le feu.*

Rester immobile.

19. *Observations relatives aux fonctions du premier servant de gauche.*

L'instructeur ou un homme déjà exercé remplira les fonctions de premier servant de droite dans les actions d'*écouvillonner* et de *refouler*.

La position du premier servant de gauche à la pièce doit être semblable à celle du premier servant de droite de l'autre côté ; ainsi, lorsque celui-ci portera le pied gauche à hauteur du bourlet dans le cas prévu (n° 12), le premier servant de gauche devra se conformer à ce mouvement, en portant le pied droit plus à droite.

Lorsqu'on charge à balles, le premier servant de gauche reçoit d'abord le sachet, l'introduit dans l'ame, le culot le premier; il se tourne une seconde fois vers la droite pour recevoir la boîte à balles, le culot à droite, et la place en avant du sachet. La charge ne doit être enfoncée que lorsque les deux parties qui la composent sont réunies dans l'ame de la pièce.

IIIe LEÇON.

Fonctions du second servant de gauche.

20. L'instructeur placera les hommes sur le côté droit de la pièce, y faisant face; il indiquera de la main les objets suivans :

Canon . . . . | Le bouton de culasse.
Affùt . . . . Les flasques.

Sac à charge . . . . . {Le sac.
La banderolle.
Le couvert.

Il appellera ensuite un homme sur le côté gauche de la pièce, le dénommera *second servant de gauche*, l'équipera d'un sac à charge pendant de droite à gauche, et lui fera les commandemens suivans :

A vos postes.

21. Se placer à 50 centimètres en dehors des roues et à hauteur du bouton de culasse, y faisant face, à la position du soldat sans armes.

En action.

22. Faire un à-droite, se porter au pas accéléré au dépôt des munitions, y approvisionner son sac.

Chargez.

23. Revenir à la pièce au pas accéléré ou au pas de course, se placer un pas en arrière et à droite du premier servant de gauche, prendre la charge des deux mains.

Le boulet dans la main gauche, le sachet dans la main droite, les ongles en dessus

Remettre la charge au premier servant de gauche en la lui présentant par la droite, se retirer en arrière du pied droit, et se placer à hauteur du moyeu, à 5o centimètres en dehors des autres servans, à la position du soldat sans armes.

Cessez le feu.

24. Se porter par un pas du pied droit à hauteur du bouton de culasse, assembler du gauche pour reprendre la position *à vos postes.*

Observations relatives aux fonctions du second servant de gauche.

25. Un homme déjà exercé remplira les fonctions de premier de gauche pour marquer la position que doit prendre le second, au moment de remettre la charge.

Lorsqu'on charge a balles, le second servant tient le sachet dans la main droite, et la boîte à balles dans la main gauche; il remet d'abord le sachet et ensuite la boîte quand le premier se retourne pour la recevoir.

Le troisième servant de gauche alterne avec le second, et rempli les mêmes fonctions que lui et de la même manière. Quand il n'est pas en action de service, il est placé à hauteur et à gauche du devant du coffret de l'avant-train, sur l'alignement des servans de gauche de la pièce, face du côté de la volée.

Le troisième servant de droite (garde-coffret) est chargé spécialement du coffret. Il s'y tient toujours du côté droit, à hauteur du troisième de gauche, sur l'alignement des servans de droite. Il délivre les munitions au deuxième et au troisièm de gauche, et prend tous les soins nécessaires pour leur distribution et leur conservation. Il a sur le coffret d'avant-train de la pièce l'action de l'artificier sur le caisson.

IVe LEÇON.

Fonction du pointeur.

26. L'instructeur placera les hommes de recrue sur le côté droit de la pièce, y faisant face, et donnera la nomenclature ci-après, en montrant de la main les objets qu'il nommera :

Canon. . . . {
La culasse.
La plate-bande de culasse.
La hausse.
Les crans de mire.

Affût. . {
Les crosses.
Les crochets de retraite.
Les anneaux de pointage.
La vis de pointage. {
Le corps.
La manivelle, ses branches.

$$\text{Armemens.}\begin{cases} \text{Les leviers de} \begin{cases} \text{Le petit bout.} \\ \text{Le corps.} \\ \text{Le gros bout.} \\ \text{L'arrêtoir.} \end{cases} \\ \text{pointage...} \\ \text{Le dégorgeoir.} \\ \text{Le doigtier.} \\ \text{Le sac à étoupilles} \begin{cases} \text{Le sac proprement dit.} \\ \text{La ceinture.} \\ \text{Le couvert.} \end{cases} \\ \text{composé de trois} \\ \text{parties .....} \end{cases}$$

Munitions. . | L'étoupille. . . { Le roseau. / La mèche.

L'instructeur appellera un homme sur le côté gauche de la pièce, le dénommera pointeur, l'équipera d'un sac à étoupilles en ceinture, d'un dégorgeoir et d'un doigtier pour le doigt-milieu de la main gauche, et lui fera les commandemens suivans :

A vos postes.

27. Se placer à hauteur du milieu des leviers de pointage, y faisant face, à 5o centimètres en dehors de la roue, à la position du soldat sans armes.

En action.

28. Rester immobile.

Chargez.

29. Faire un demi à gauche, partant du pied gauche; placer le droit d'équerre avec les flasques, la pointe à hauteur et à 6 pouces du crochet de retraite, et la pointe du pied gauche à hauteur du bouton de culasse, le pied parallèle à la pièce.

Se baisser en tendant le jarret droit et ployant le gauche; boucher la lumière de la main gauche avec le doigt-milieu, le pouce derrière la plate-bande de culasse, et saisir de l'autre main l'une des branches de la manivelle de la vis de pointage.

Hausser ou baisser la volée pour qu'on puisse charger commodément.

Aussitôt que la pièce est chargée, cesser de boucher la lumière, donner la hauteur, rectifier la direction de la pièce, la main droite indiquant le mouvement à donner à la crosse. (*Voir* l'observation.)

La pièce pointée, se relever de la jambe gauche, assembler du pied droit.

Saisir le dégorgeoir de la main droite, dégorger.

Prendre une étoupille de la main gauche, l'introduire dans la lumière, la mèche tournée du côté droit de la pièce.

Faire un à droite et demi; partant du pied gauche, se retirer par trois pas égaux à la position dont on est parti, tournant sur la pointe du pied pour faire face au leviers.

Feu.

3o. Étendre le bras droit en avant pour signal de mettre le feu.

Replacer le dégorgeoir et reprendre la position du soldat sans armes.

Cessez le feu.

31. Rester immobile.

Observations relatives aux fonctions du pointeur.

32. La position du pied droit à hauteur du crochet de retraite (n.° 29) ne doit pas être regardée comme absolue ; elle est indiquée comme position moyenne ; mais le canonnier pourra porter le pied un peu en avant ou un peu en arrière de cette partie de l'affût, selon la pièce qu'il aura à pointer et selon sa taille, afin d'être plus commodément placé.

La lumière doit être bouchée avant que l'écouvillon ne soit introduit dans l'ame, et rester bien bouchée pendant tout le temps de la charge.

Pour donner la hauteur et pointer la pièce, le pointeur place sa hausse au nombre de lignes qui lui est indiqué, se penche de manière à porter la tête à hauteur de la culasse, ferme l'œil gauche, et mettant le droit à 8 centimètres (3 pouces) environ de la plate-bande, il vise par la partie supérieure de la hausse et par le point le plus élevé du bourrelet, élevant ou baissant la culasse, et faisant varier la direction de la pièce par les mouvemens qu'il fait donner à la crosse jusqu'à ce que l'œil rencontre le but.

Dans cette opération, la main gauche placée près de la hausse la maintient ; la droite est appliquée a la manivelle de la vis de pointage pour hausser ou baisser la culasse, et se place ensuite contre la flèche, en frappant légèrement sur le côté gauche avec le dos, pour faire rendre à droite, et sur le côté droit avec la paume, pour faire rendre à gauche.

La pièce pointée, le pointeur baisse la hausse,

V.ᵉ LEÇON.

Fonctions du pointeur-servant.

33. L'instructeur placera les hommes de recrue sur le côté gauche de la pièce, y faisant face.

Il appellera un homme sur le côté droit de la pièce, le dénommera pointeur-servant, et lui fera les commandemens suivans.

A vos postes.

34. Se placer à hauteur du milieu des leviers de pointage, y faisant face, à 50 centimètres en dehors de la roue, à la position du soldat sans armes.

En action.

35. Faire un demi à gauche ; partant du pied gauche porter le pied droit à 6 pouces et à hauteur du petit bout des leviers de pointage de droite ; puis, sans assembler, faire un à droite et demi sur la pointe du pied droit, porter le pied gauche à 6 pouces en dehors et à hauteur du petit bout des leviers de pointage de gauche.

Saisir les leviers de pointage les ongles en dessus, ployant en même temps les deux jarrets ; appuyer les coudes sur les cuisses au-dessus des genoux, et faire effort pour placer la pièce dans la direction du but.

Chargez.

Répéter le commandement *Chargez* ; rendre doucement la crosse du côté indiqué par les signes du pointeur.

Le pointeur ayant dégorgé et amorcé, abandonner les leviers, se relever.

Faire un demi à droite sur les deux talons, se retirer à son poste par deux pas, tournant sur la pointe du pied droit pour faire face aux leviers.

Cessez le feu.

37. Rester immobile.

VIe LEÇON.

Fonctions du second servant de droite.

38. L'instructeur fera placer les hommes de recrue sur le côté gauche de la pièce, y faisant face, et donnera la nomenclature ci-après, en montrant les objets de la main :

Affût. . . .
- Crochet à pointe droite.
- Crochet a fourche et sa chevillette.
- Flotte à crochet.
- Sceau.
- Crochet porte sceau.

Armemens
- L'étui porte-lance composé de trois parties. . . .
  - L'étui.
  - Le convert.
  - La banderolle.
- Le porte-lance.
  - Le manche.
  - Porte-lance proprement dit.
  - Les viroles.

L'instructeur appellera un homme près de la pièce, le dénommera second servant de droite, l'équipera d'un étui à lances pendant de droite à gauche, d'un boute-feu et d'un porte-lance, appuyés

(41)

sur l'avant-bras gauche, la main gauche les tenant à 11 centimètres (4 pouces) de l'extrémité, les ongles en dessus; il fera les commandemens suivans :

A vos postes.

39. Se placer à hauteur du bouton de culasse, y faisant face, à 5o centimètres en dehors des roues, à la position du soldat sans armes, le bras gauche restant ployé.

En action.

40. Faire un demi à gauche, saisir de la main droite le boute-feu près de la mèche, se fendre de 65 centimètres de la jambe gauche, pour planter le boute-feu en arrière et à gauche; se relever sur la jambe droite.

Chargez. (1 temps 2 mouvemens).

41. Se fendre de la jambe droite, en portant le talon a hauteur de la roue; saisir de la main droite le levier de manœuvre, les ongles en dessus, et les tirer jusqu'a ce qu'il arase le flasque gauche, prendre ensuite le seau avec la main droite.

2. Enlever le seau en se relevant sur la jambe gauche. Aussitôt que le genou est dégagé de la roue, se fendre de la jambe droite de 24 pouces environ, et accrocher le seau à la flotte à crochet, se relever sur la jambe gauche et assembler du pied droit.

Écouvillonnez.

42. Prendre la lance avec la main droite, la fixer

dans le porte-lance, l'allumer. Tenir le porte-lance des deux mains, les ongles en dessous, incliné de droite à gauche, la flamme près de terre.

Refoulez.

43. Le pointeur ayant quitté le ceintre de mire pour se retirer à son poste, se fendre de la jambe droite et repousser le levier de la main gauche, de manière à ce qu'il dépasse également l'un et l'autre flasque, se relever ensuite sur la jambe gauche et assembler du pied droit.

Feu.

44. Au signal du pointeur, abandonner le porte-lance de la main gauche, conduire la lance à la lumière en la faisant passer près de terre, toucher la mèche de l'étoupille avec la flamme, le bras tendu et élevé, les ongles en dessus.

Dès que l'étoupille a pris feu, retirer vivement la lance par un mouvement contraire pour reprendre la première position.

45.   *Cessez le feu.* (1 temps, 2 mouvemens).

1. Se fendre de la jambe gauche, couper la lance avec la main droite près de la flamme, reprendre le boute-feu de la main gauche, se relever sur la jambe droite, assembler du pied gauche ; appuyer le boute-feu et le porte-lance sur le bras gauche, en revenant par un demi à droite, face à la pièce.

2. Porter le pied droit à 24 pouces vers le moyeu, saisir le seau avec la main droite, se relever sur la

jambe gauche, et accrocher la seau à son crochet en portant le pied droit à hauteur de la roue, se relever sur la jambe gauche et assembler du pied droit.

46. Au commandement *Repos*, placer le porte-lance et le boute-feu en travers de l'affût, couchés sur les flasques.

Observations relatives aux fonctions du second servant de droite.

47. Si le terrain ne permet pas de planter le boute-feu, on le pose à terre, à gauche et en arrière, mais à distance convenable pour pouvoir allumer la lance sans bouger de place.

Dans le mouvement de prendre la lance (n° 41), l'avant-bras gauche mantient l'étui pendant que la main droite ouvre le couvert, tire la lance et referme le couvert. On place la lance dans la douille latérale, la faisant entrer par-dessus.

Aussitôt que la lance est fixée, on doit saisir le porte-lance de la main droite, à l'extrémité du manche, les ongles en dessus, la main gauche restant à sa première position; allumer la lance des deux mains en se penchant du côté du boute-feu, et quand elle a pris feu, se relever; retourner la main gauche pour la placer à 16 centimètres de la droite, les ongles en dessous, et saisir le porte-lance dans la position indiquée.

En conduisant la lance à la lumière (n° 44), il faut avoir attention de l'elever sans à-coup et de tourner la main droite pendant le mouvement, de manière à avoir les ongles en dessus.

En ramenant la lance (n° 44), on doit tourner la main droite en sens inversé pour remettre les ongles en dessous, et replacer la main gauche, au moment où le porte-lance arrive à sa première position.

On coupera la lance (n° 45) avec le sabre ou le couteau destiné à cet usage, de la manière suivante :

Abandonner le porte-lance de la main droite, tirer le couteau ou le sabre de cette main, coucher le porte-lance à terre devant soi sans remuer les pieds, couper la lance à un centimètre environ de la flamme; se relever pour remettre le sabre dans son fourreau ou le couteau dans son étui, et se fendre de nouveau pour reprendre le boute-feu comme il a été dit.

VIIe LEÇON.

Réunion des servans à la pièce.
Charge en quatre temps.
Changer dè poste.
Charge à volonté.
Cesser le feu.

Nota. Pour donner cette leçon, on réunira six hommes; la pièce sera au champ de manœuvre et sans avant-train, les leviers seront dans les anneaux de pointage, l'écouvillon à sa place, et les armemens, liés ensemble, seront suspendus au bouton de culasse.

Réunion des servans à la pièce.

48. L'instructeur placera les six hommes en arrière de la crosse, face à la pièce; il désignera cha-

cun d'eux pour une des fonctions de son service, en commançant par la droite et suivant l'ordre établi dans les leçons précédentes ; il les équipera des armemens attribués au poste que chacun doit occuper.

Pour faire servir le pièce, il commandera :

A vos postes.

49. Le pointeur et les servans s'approchent de la pièce, et y prennent les postes qui leur ont été assignés.

Lé premier servant de droite se porte ensuite à la tête du flasque, prend l'écouvillon, à l'aide du second du même côté, le retourne et revient à son poste (n° 2).

Charge en quatre temps.

5o. L'instructeur préviendra les canonniers que, manœuvrant maintenant réunis, ils doivent seulement marquer les mouvemens qui composent les temps de la manœuvre, et ne plus s'arrêter qu'après avoir exécuté complétement chacun des commandemens. A cet effet, dans les manœuvres où il leur est prescrit d'assembler, pour se porter ensuite en avant ou en arrière, ils doivent seulement rapprocher les talons et placer de suite le pied à la position à laquelle il doit arriver.

L'instructeur commandera : *Charge en quatre temps.*

1. *En action.*

Le pointeur-servant se porte à l'extrémité des

leviers de pointage, les saisit des deux mains, et donne la première direction à la pièce.

Le second servant de droite prend le boute-feu et le fixe en terre derrière lui. Puis il tire le levier de manœuvre de manière à ce qu'il arrase le flasque gauche.

Le second servant de gauche se porte au dépôt des munitions et y approvisionne son sac.

Les autres servans ne bougent.

2. *Chargez.*

52. Les deux premiers servans se portent à la pièce, écouvillonnent, chargent, se retirent et se fendent vers la fusée de l'essieu.

Le pointeur se porte à la culasse, bouche la lumière et dispose la volée de la pièce pour qu'on puisse charger commodément.

Il cesse de boucher la lumière quand les deux premiers servans se sont retirés, pointe la pièce, se relève, dégorge, amorce et se retire à son poste.

Le pointeur servant ayant répété le commandement *Chargez*, rend doucement la crosse à droite ou à gauche, d'après les signes du pointeur, et se retire à son poste quand la pièce est amorcée.

Le second servant de droite prend la lance, la fixe dans le porte-lance et l'allume. Puis il repousse le levier de manière à ce qu'il dépasse également l'un et l'autre flasque.

Le second servant de gauche revient à la pièce, donne la charge au premier servant et se retire à hauteur de la fusée de l'essieu.

3. *Feu.*

53. Le pointeur étend en avant le bras droit pour signal.

Le second servant de droite met le feu, le bras droit tendu.

Les deux premiers servans reprennent la position *à vos postes* aussitôt que le coup est parti.

Le pointeur servant et le second servant de gauche ne bougent.

Cessez le feu.

54. Le second servant de droite enlève le seau de la flotte à crochet et l'accroche au crochet porte-seau. Les deux seconds servans reprennent la position *à vos postes*, les autres ne bougent.

55. *Observations.* Pendant l'exercice, l'instructeur veillera avec la plus grande attention à ce que les hommes exécutent tous les mouvemens en silence, avec ensemble, ordre et précision, sans jamais tourner les yeux du côté d'où vient le commandement; à ce que l'exécution de chaque commandement soit suivie d'une immobilité parfaite; il mettra en conséquence l'intervalle convenable entre les commandemens.

Il observera si les premiers servans maintiennent bien la brosse au fond de l'ame en écouvillonnant, et il sera assuré que cette mesure est exécutée s'ils conservent le jarret intérieur ployé lorsqu'ils écouvillonnent; il reconnaîtra aussi que la charge est arrivé au fond de l'ame si les servans ont le coude au corps et le jarret intérieur ployé après qu'ils ont enfoncé le refouloir ; il veillera à ce qu'ils allongent bien les bras pour refouler.

Il fera observer au pointeur servant que c'est de lui que dépend la première direction de la pièce, et il lui indiquera un objet sur lequel il devra la diriger, en portant l'œil droit sur le but et sur les points les plus élevés de la plate-bande de culasse et du bourlet.

Il veillera à ce que le pointeur ne lève pas le doigt de dessus la lumière pendant tout le temps que les premiers servans emp'oient à charger la pièce; à ce que le premier servant s'en assure en tenant toujours les yeux fixés sur la lumière, soit qu'il écouvillonne, soit qu'il refoule.

L'instructeur s'arrêtera plus particulièrement sur les mouvemens de pointer, en faisant connaître à l'homme chargé de cette fonction les principes et les procédés du pointage, vérifiant souvent ce qu'il a fait, et le rectifiant s'il y a lieu, en lui faisant remarquer les corrections.

Changer de poste.

56. L'instructeur fera passer successivement tous les hommes à chaque poste; à cet effet, il commandera :

1. *Preparez-vous à changer de poste.*
2. *Par le flanc droit (ou gauche).*
   A droite (ou à gauche).
3. *Marche.*
2. *Front.*

Au premier commandement, le pointeur et les servans placent devant eux, sur la pièce, les armemens dont ils sont équipés; le premier servant de droite pose son écouvillon sur le moyeu, et le second fiche en terre, derrière lui, son porte-lance et son boute-feu.

Au second commandement, tous font à droite ou à gauche.

Au troisième commandement, tous prennent le pas accéléré et s'arrêtent à hauteur des postes qu'ils doivent occuper.

Au quatrième commandement, tous font face à la pièce et prennent les armemens de leurs nouveaux postes.

Observation. Si l'instructeur voulait faire changer de plusieurs postes, il aurait soin d'en indiquer le nombre dans son premier commandement.

Charge à volonté.

57. Lorsque les canonniers sauront exécuter dans un parfait ensemble les détails des différens commandemens, l'instructeur fera faire l'exercice à volonté; il les préviendra que le commandement *chargez,* fait par le pointeur servant, sera celui auquel ils devront exécuter la manœuvre, il commandera seulement :

En action.

Chacun prend la position indiquée précédemment, et le pointeur servant, ayant donné la première direction, commande :

Chargez.

Les canonniers exécutent de suite et sans interruption les divers mouvemens de la charge, et, le coup supposé parti, la manœuvre recommence au seul commandement du pointeur servant, jusqu'à ce que l'instructeur la fasse cesser.

Observation. L'exercice à volonté étant l'exercice de guerre, l'instructeur doit s'appliquer à y habituer les canonniers; il doit redoubler d'attention pour s'assurer que les pointeurs et les servans passent par tous les mouvemens et les exécutent de la manière prescrite.

Il veillera à ce que l'exécution des temps se succède régulièrement et sans aucune interruption; à ce que la pièce soit chargée le plus promptement possible, sans cependant admettre d'autres moyens d'accélérer, que l'ordre, le silence et la précision.

Cesser le feu.

58. Pour faire cesser la manœuvre, l'instructeur commandera :

Cessez le feu.

A ce commandement, si la charge est déjà introduite, on continue la manœuvre, jusqu'à ce que le coup soit supposé parti; si la charge n'est pas encore dans l'ame de la pièce, on achève d'écouvillonner, et tous reviennent à la position *A vos postes,* le premier servant de droite élevant l'écouvillon à hauteur des épaules comme pour se porter à la

pièce, le second de droite coupant la lance et re-
prenant le boute-feu.

Repos.

59. Le premier servant de droite pose l'écouvillon sur le moyeu; le second du même côté place
le porte-lance et le boute-feu sur l'affût.

VIIIe LEÇON.

Formation du peloton de la pièce.
Entrer au parc.
Mettre les canonniers à leurs postes.
Conduire la pièce au champ de manœuvre.
Oter et remettre l'avant-train.
Déployer et reployer la prolonge.
Sortir de batterie.

Nota. Pour donner cette leçon, on complétera le nombre des servans nécessaires pour le service entier de la
pièce, en ajoutant aux six hommes chargés des fonctions
autour de la bouche à feu les nouveaux servans qui doivent
concourir à l'approvisionnement et assister les premiers
dans les manœuvres où leur nombre serait insuffisant.

La pièce sera au parc sur son avant-train, les armemens
liés ensemble, seront placés sur le coffret; la prolonge sera
ployée autour des crochets d'armons.

Formation du peloton. — Entrer au parc. — Mettre les canonniers à leurs postes.

60. L'instructeur placera les hommes sur les deux
rangs, il les préviendra que le premier rang se compose des servans de gauche, et la second des ser-

vans de droite; que la première file, en commançant toujours par la droite, fournit toujours les
premiers servans; la seconde file, les seconds; la
troisième, le pointeur et le pointeur servant; et la
quatrième, les troisièmes servans.

61. L'instructeur, faisant marcher son peloton
par le flanc gauche, le dirige par la droite ou par
la gauche du parc, de manière à se prolonger à
quatre pas en avant de la bouche de la pièce, et
lorsque la tête du peloton est près d'arriver à hauteur de la bouche, il commande :

1. *Par file à gauche* (ou *à droite*), *à vos postes.*
2. *Marche.*
3. *Front.*

Le premier commandement sert d'avertissement.

Au second commandement, fait lorsque la tête
du peloton arrive à hauteur de la bouche de la
pièce, les deux rangs se séparent et se dirigent res-
pectivement à droite et à gauche de la pièce; chacun
s'arrête à la position qui lui est propre :

Les troisièmes à hauteur des moyeux des roues
d'avant train;

Les pointeurs à hauteur du bouton de culasse;

Les deuxièmes à hauteur des moyeux des roues
d'affût;

Les premiers à hauteur de la tranche de la bouche;

Tous à 50 centimètres en dehors de l'alignement
des roues.

Au troisième commandement, tous font face à la
pièce, et s'alignent sur les premiers servans.

62. L'instructeur fait distribuer les armemens en commandant :

Équipez-vous.

Le pointeur se porte au paquet d'armemens et le délie pour donner à chaque homme ceux dont il doit être équipé; il fait cette distribution en commençant par la file de droite et par le premier servant dans chaque file. Chacun s'avance dans l'ordre marqué par sa position, reçoit les armemens, rentre à son poste, s'équipe comme il est prescrit dans les premières leçons, et tous reprennent l'immobilité.

63. Ces premières dispositions étant terminées, l'instructeur donnera les détails de nomenclature suivans, en indiquant de la main les objets :

Les anses de la pièce.
Le délardement des flasques.
Les entretoises de lunettes, de mire, de volée.
L'avant-train.
Les armons.
Le timon, les chaînes du bout de timon.
La volée et les polermiers.
Les tirans de volée.
La cheville ouvrière.
L'anneau d'embrelage.
La chaîne d'embrelage.

La prolonge { Le billot. / L'anneau.

Équerres à tige de bout d'armon.

Conduire la pièce sur le champ de manœuvre.

64. L'instructeur voulant conduire la pièce sur le terrain de manœuvre, commande :

1. *En avant.*
2. *Marche.*

Au premier commandement, le second servant de gauche détache un levier à l'aide du premier servant, et le porte au bout du timon, où le second de droite vient former avec les chaînes d'attelage des boucles en dessus.

Le second servant de gauche y introduit son levier par le petit bout jusqu'au milieu; tous deux se placent à ce levier près du timon, et les troisièmes servans se portent à leur secours en s'appliquant aux extrémités du levier.

Les premiers servans se placent à la volée, se faisant face; ils appuient une main sur l'anse de leur côté et l'autre sur le bourlet.

Les pointeurs se portent aux roues de l'affût, se faisant face, saisissent un rais de chaque main près de la jante, les ongles en dessous.

Les quatrièmes servans (aux pièces de gros calibre) se placent aux polermiers, qu'ils tiennent chacun de la main du côté du timon.

Au deuxième commandement, tous font effort.

65. Pour arrêter la pièce et remettre les hommes à leurs postes, l'instructeur commande :

1. *Halte.*
2. *A vos postes.*

Au premier commandement, tous les canonniers s'arrêtent.

Au deuxième commandement, ils reprennent tous leurs postes.

Oter l'avant-train.

66. La pièce étant arrivée au champ de manœuvre, l'instructeur commande :

Otez l'avant-train. — Déployez la prolonge.

Le second servant de droite fiche en terre, derrière lui, son boute feu et son porte-lance;

Le troisième servant du même côté lève le bout du timon;

Le second servant de gauche, à l'aide du premier, détache un levier (1) qu'il place aussitôt dans les anneaux de manœuvre en l'y engageant par le petit bout; le pointeur servant décroche la chaîne d'ambrelage dont il met le crochet sur le tirant de volée, et se plaçant contre le flasque, ainsi que le pointeur, tous deux soulèvent les crosses, aidés des seconds servans, placés face à l'avant-train, aux leviers de support.

Les premiers servans pressent sur le bourlet : le troisième servant de gauche se porte à la roue, prêt à faire effort pour faire marcher l'avant-train.

Dès que la cheville ouvrière est sortie de la lunette, le pointeur fait le commandement de *marche;*

(1) Aux pièces de 8 et de 12 le second servant de gauche à l'aide du premier, détache deux leviers il en passe un par le gros bout, au second servant de droite, qui le place aussitôt dans les anneaux de manœuvre en l'y engageant par le petit bout, le second servant de gauche y place de la même manière le second levier; ils les font ensuite glisser dans les anneaux de manœuvre, en tirant chacun celui dont le petit bout est tourné de leur côté.

le troisième servant de droite, aidé du troisième de gauche, fait avancer l'avant-train de quatre à cinq pas; on pose les crosses à terre; les pointeurs enlèvent le coffret qu'ils posent sur l'avant-train, l'ouverture en dehors. Le second servant de gauche détache les deux leviers; il en passe un par le petit bout au second servant de droite, qui le place dans les anneaux de pointage, et il place lui-même le second. Le premier servant de droite prend l'écouvillon à l'aide du second; ce dernier reprend le boute-feu et le porte-lance.

En même temps le troisième servant de gauche déploie la prolonge, en passe le billot au pointeur, qui l'engage par dessous dans l'anneau d'embrelage, le ramène et le remet au troisième servant de gauche; celui-ci l'arrête dans l'anneau sous la sassoire. Les troisièmes servans font alors avancer l'avant-train de manière à tendre légèrement la prolonge. Tous se placent à leurs postes, les servans de la pièce ainsi qu'il est dit dans l'école du canonnier; les troisièmes servans à droite et à gauche de l'avant-train, à hauteur de la sassoire; les quatrièmes (dans le gros calibre) à hauteur des polonniers; les uns et les autres faisant face à l'ennemi, et dans le prolongement des files placées à la pièce.

Remettre l'avant-train.

67. Voulant remettre la pièce sur l'avant-train, l'instructeur commande :

Ployez la prolonge. — Amenez l'avant-train.

Le premier servant de droite remet l'écouvillon à l'aide du second; les pointeurs ôtent les leviers de pointage et les passent, par le gros bout, au second servant de gauche qui les replace, à l'aide du premier, entre la roue et la pièce.

En même temps, le troisième servant de droite, saisissant le bout du timon, recule l'avant-train de deux ou trois pas, aidé par le troisième servant de gauche, qui fait effort à la roue. Ce dernier retire le billot de l'anneau sous la sassoire, et le passe au pointeur qui le dégage de l'anneau d'embrelage; le troisième servant de gauche plie la prolonge autour des crochets, en la passant alternativement sur l'un et l'autre armon, jusqu'à ce qu'il reste le bout nécessaire pour l'arrêter.

Les pointeurs enlèvent le coffret, le portent dans le délardement des flasques, l'ouverture à droite, puis soulèvent les flasques à l'aide des seconds servans placés au levier de manœuvre, et des premiers qui pèsent sur le bourlet.

Les troisièmes servans font reculer l'avant-train, celui de droite le dirigeant pour que la cheville ouvrière arrive sous la lunette; il lève le timon et on introduit la cheville ouvrière dans la lunette; le pointeur-servant accroche de suite la chaîne d'embrelage, le troisième servant baisse le timon (1); le second servant de gauche retire le levier de manœuvre et le replace à l'aide du premier;

____

(1) Aux pièces de 8 et 12, les seconds servans retirent les leviers de manœuvre, celui de gauche les replace à l'aide du premier.

celui de droite reprend le boute-feu, tous se remettent à leurs postes.

Nota. Pendant les repos, l'instructeur exercera
les canonniers à fixer la prolonge à l'avant-train (2).

L'exercice étant terminé, l'instructeur fera rassembler les armemens en commandant :

Déséquipez-vous.

68. A ce commandement, tous les canonniers
quittent leurs armemens et les passent au pointeur
dans l'ordre où ils les ont reçus; celui-ci en forme
un paquet et les dépose sur le coffret.

(2) Pour fixer la prolonge, il faut d'abord mesurer 38
pieds à partir du billot ; avec le bout restant envelopper
de deux tours l'armon de gauche , en commençant par
dessous et de dehors en dedans; passer le bout dans les
anneaux à piton derrière la sellette, par dessous dans le
premier, et par dessus dans le second; envelopper ensuite
de deux tours l'armon de droite en commençant par dessous
et de dedans en dehors; ramener les deux brins vers le
milieu de la sassoire, et faire le nœud suivant :

1° Former avec chaque bout une boucle, de manière
que les brins libres passent par dessus;

2° Faire entrer la boucle de gauche dans celle de droite
par dessus ;

3e Faire passer par dessus, dans la boucle de gauche,
le bout de la partie droite de la prolonge et serrer.

Si la prolonge ne porte pas d'anneau, on y supplée de
la manière suivante : au troisième mouvement, on plie le
bout de droite en l'engageant dans la boucle de gauche,
et lui donnant la longueur nécessaire pour former la queue,
on serre le nœud et on arrête le bout de droite par une
maille, à la portion de la prolonge comprise entre le nœud
et l'armon.

Sortir de batterie.

69. Pour faire sortir de batterie, l'instructeur commande :

1. *Pour sortir de batterie, par le flanc droit et le flanc gauche.*
2. *A droite. — A gauche.*
3. *Marche.*

Le premier commandement sert d'avertissement.

Au second commandement, la file de droite fait par le flanc droit, la file de gauche par le flanc gauche.

Au troisième commandement, les deux files partent ensemble en obliquant pour se rapprocher l'une de l'autre; les canonniers serrent à leur distance, et aussitôt que la gauche du peloton a dépassé de quatre pas la bouche de la pièce, l'instructeur commande :

Halte.
Par un à-gauche, front.

Le peloton se trouvant alors reformé dans le même ordre qu'en arrivant, il sera mis en marche dans la direction que l'instructeur voudra lui donner.

IXe LEÇON.

Exercice à volonté.
A bras en avant.
A bras en arrière.
Remplacement des hommes manquans.
En parade.

La bouche à feu sera sur son avant-train.

Exercice à volonté.

70. L'instructeur, ayant fait exécuter les manœu-vres préparatoires, nécessaires pour mettre la pièce en batterie (n° 66), fera faire l'exercice à volonté.

Les troisièmes servans, placés à l'avant-train, concourent avec le second servant de gauche à l'approvisionnement de la pièce; le troisième de droite est chargé de distribuer les munitions, les deux autres pourvoyeurs alternent pour porter les charges à la pièce.

Le troisième de gauche apporte les premières charges.

71. *Observations.* Il n'y aura qu'un pourvoyeur auprès de la pièce (1).

Lorsque deux pourvoyeurs se rencontreront, l'un allant au dépôt des munitions, l'autre en reve-nant, ils se laisseront réciproquement à gauche.

L'approvisionnement du sac sera de 4 coups dans le 6.

______

(1) Il remplira, pendant le temps qu'il sera près de la pièce, les fonctions du second servant de gauche dans tous les mouvemens où ce servant doit agir.

A bras en avant.

72. Voulant faire avancer la pièce pour la placer dans une position très voisine de celle qu'elle
occupe, l'instructeur commande :

1. *A bras en avant*.
2. *Marche*.
3. *Halte*.

Au premier commandement, le premier servant
de droite appuie l'écouvillon sur l'épaule droite,
la brosse en bas, le tenant de la main droite seule,
le bras tendu, les doigts allongés sur la hampe, se
porte à hauteur du moyeu, face en avant, se fend
de la jambe droite en arrière, de 18 pouces environ,
et saisit de la main gauche le rais le plus élevé près
de la jante.

Le premier de gauche se porte à hauteur du
moyeu, face à la pièce, se fend de la jambe droite
de deux pieds environ, et saisit un rais de chaque
main.

Les seconds servans se portent en arrière du
levier, celui de droite en partant du pied droit et
faisant un à-droite et demi, et continue à tenir le
porte-lance de la main droite ; celui de gauche partant du pied droit et faisant un à-gauche ; tous
deux saisissent le levier des deux mains.

Les pointeurs se portent à hauteur du milieu des
leviers de pointage, celui de droite en partant du
pied droit, et celui de gauche du pied gauche, et
se fendent en plaçant l'autre pied à hauteur de l'ex-

4.

trémité des leviers, les saisissent des deux mains.

Tous se disposent à faire effort.

Au deuxième commandement, les pointeurs sou-lèvent la crosse, et tous font effort pour faire avan-cer la pièce.

Au troisième commandement, les pointeurs po-sent la crosse à terre, et chacun reprend son poste.

A bras en arrière.

73. Voulant faire reculer la pièce, soit pour rec-tifier un alignement, soit pour la placer dans une position très voisine de celle qu'elle occupe, l'ins-tructeur commande :

 1. *A bras en arrière.*
 2. *Marche.*
 3. *Halte.*

Au premier commandement, le premier servant de droite appuie l'écouvillon sur l'épaule gauche, la brosse en bas, le tient de la main gauche, écarte le pied gauche de 12 pouces, porte le droit à 18 pouces de l'autre, parallèlement à la roue, en fai-sant un à-gauche, et saisit de la main droite le rais le plus élevé près de la jante.

Le premier de gauche se porte à hauteur du moyeu, face à la pièce, se fend de la jambe gauche, de 2 pieds environ, et saisit un rais de chaque main.

Les seconds servans se portent au levier de ma-nœuvre, celui de droite par un à-gauche, celui de gauche par un à-droite, et ils le saisissent des deux mains.

Les deux pointeurs se portent à l'extrémité des leviers de pointage, celui de droite du pied droit, celui de gauche du pied gauche, font face en arrière et saisissent chacun un levier avec la main de dedans.

Tous se disposent à faire effort.

Au deuxième commandement, les pointeurs soulèvent les crosses et tous font effort pour reculer la pièce.

Au troisième commandement, les pointeurs posent la crosse à terre et chacun reprend son poste.

Remplacement des hommes manquans.

74. Pour suppléer aux hommes qui peuvent manquer dans le service de la pièce, on emploie d'abord les servans qui ne sont pas indispensables pour l'approvisionnement, et lorsqu'il ne reste que six hommes, on suit pour le remplacement l'ordre suivant :

Le premier homme manquant est remplacé par le second servant de droite, et celui-ci est suppléé par le pointeur servant qui saisit le porte-lance dès que la pièce est pointée, met le feu, fiche le porte-lance en terre, et retourne à ses propres fonctions.

Le deuxième homme manquant est remplacé par le premier servant de gauche; celui-ci est suppléé dans ses fonctions par le second du même côté qui continue d'approvisionner la pièce.

Le troisème homme manquant est remplacé par le pointeur servant; le pointeur dirige la pièce, se porte ensuite à la culasse, en faisant le commandement *char-*

gez ; le premier servant de droite, après avoir chargé la pièce, porte l'écouvillon à l'épaule gauche, va saisir le porte-lance et met le feu.

Si la file de droite vient à manquer, le premier servant de gauche remplace le premier de droite et est chargé de mettre le feu ; le second servant de gauche remplit les fonctions de premier du même côté et continue à approvisionner.

Le pointeur remplace le pointeur servant, et est chargé des deux fonctions.

Si c'est la file de gauche qui manque, le second servant de droite passe à gauche de la pièce, et remplit les fonctions de premier et de second servant de gauche.

Le pointeur servant supplée le pointeur, et est chargé des deux fonctions.

Pour simuler ces divers cas, et enseigner aux canonniers à se remplacer dans l'ordre prescrit, l'instructeur commande :

Pointeur, ou tel servant ou telle file, manquez.

L'homme désigné cesse aussitôt ses fonctions, pose à terre les armemens dont il est équipé, et se retire à trois pas en arrière de son poste.

En parade.

75. L'instructeur, voulant disposer les canonniers pour rendre les honneurs ou pour passer l'inspection, commandera :

1. *En parade.*
2. *A vos poste.*

Au premier commandement, les pointeurs et les servans font face à l'ennemi, le premier de droite portant son écouvillon à l'épaule droite, comme pour faire *à bras en avant.*

Les servans placés à l'avant-train ne bougent.

Au deuxième commandement, tous reprennent leurs postes à la pièce.

Exercice de plusieurs bouches à feu réunies.

76. Lorsque plusieurs bouches à feu seront réunies pour être manœuvrées sous un même commandement, les pièces étant formées et placées en bataille, le détachement sera divisé en sections de deux pièces, commandées par des officiers, et on attachera un sous-officier à chaque pièce.

Les officiers se placeront à deux pas en avant du centre de leur section, et les sous-officiers seront à la droite du peloton de leur pièce, au premier rang.

Le détachement marchera par le flanc gauche; le commandant de la manœuvre le dirigera vers la batterie du côté des volées des pièces, et parallèlement à la ligne de bataille; les chefs de pièce marchant comme chefs de peloton, et les officiers à hauteur et à gauche du centre des deux pièces qu'ils commandent, excepté le premier qui marchera à côté du chef de la première pièce.

Entrer au parc par la droite.

77. La tête du détachement étant arrivée à quatre

mètres environ du parc, le commandant de la manœuvre commande :

Pelotons, à vos pièces.

Chaque chef de section, à mesure qu'un peloton arrive à hauteur de sa pièce, lui commande : -

1. *Par file à droite, à vos postes.*
2. *Marche.*

Le chef de pièce s'arrête à deux pas du bout du timon ; les canonniers s'arrêtent, à droite et à gauche de leur pièce, aux postes qu'ils doivent occuper.

Entrer au parc par la gauche.

78. La tête du détachement étant arrivée à hauteur de la pièce de gauche, le commandant de la manœuvre commande :

Pelotons, sur la gauche, à vos pièces.

A mesure que chaque peloton arrive à hauteur de sa pièce, le chef de section lui commande :

1. *Par file à gauche, à vos postes.*
2. *Marche.*

Les canonniers prennent leurs postes (n.° 8).

Les canonniers étant à leurs postes. le commandant de batterie fait équiper les canonniers et exécuter les diverses manœuvres, aux commandemens indiqués par l'instructeur.

79. Pour faire sortir de batterie, le commandant de la manœuvre fait les commandemens suivans :

    1. *Pour sortir de batterie, par le flanc droit et par le flanc gauche.*
    2. *A droite, à gauche.*   } (N.º 73.)
    3. *Marche.*

Et lorsque la gauche des pelotons a dépassé de 4 mètres la bouche des pièces :

    4. *Pelotons, halte.*
    5. *Front.*

Il détermine le front par un à-gauche ou par un à-droite, selon le côté où il veut se diriger, et forme la colonne, soit par pelotons, soit par le flanc, d'après les principes des manœuvres du cavalier à pied.

80. *Observation.* Dans tous les mouvemens qu'on vient d'indiquer, les officiers commandant les sections n'ont que des fonctions de pure surveillance, attendu qu'il ne s'agit pas du service d'une batterie proprement dite, mais seulement d'exercer un détachement avec autant de pièces qu'il peut en occuper.

Ces mouvemens ont d'ailleurs été décrits très sommairement, parce que les détails d'exécution appartiennent à l'école du cavalier à pied.

81. Les affûts de 12 et 8 ont deux encastremens appelés de route et de tir ; en marche la piéce est toujours placée dans le premier et avant d'ôter la pièce de dessus l'avant-train pour la manœuvre il faut la faire passer du premier encastrement dans le second ; la manœuvre contraire a lieu lorsqu'on a rechargé la pièce sur l'avant-train.

Les canonniers équipés, étant à leurs postes autour de la pièce placée sur son avant-train et placée dans l'encastrement de route l'instructeur indiquera les objets suivans.

Les tourillons — Le deuxième renfort — Le premier renfort.

Les anses — Les encastremens ⎱ de tir ⎰ de route

Les sous-bandes.
La semelle — La chaîne d'enrayage.

Pour faire passer ensuite la pièce de l'encastrement de route à celui de tir, l'instructeur commendera :

1. *Préparez-vous à changer d'encastrement.*
2. *Changez d'encastrement.*
3. *Ferme.*
4. *A vos postes.*

Au premier commandement les seconds servans (celui de droite après avoir fiché son boute-feu) lèvent les sus-bandes et les posent sur l'essieu; celui de droite enraye la roue, en passant la chaîne au-dessus du rais le plus élevé qu'elle puisse embrasser; aidé du premier servant de gauche, le deuxième servant du même côté détache les leviers, les passe par le gros bout, un au premier servant de droite, un à chacun des pointeurs et le premier servant de gauche conserve le quatrième; tous les quatre tiennent leurs leviers par le milieu, ceux de droite de la main droite ceux de gauche de la main gauche, le gros bout appuyé à la pointe du pied.

Au deuxième commandement, le premier servant de gauche introduit les leviers, par le gros bout, jusqu'au milieu, dans l'ame de la pièce; le premier servant de droite embarre sous le bouton de culasse, le pointeur sous la plate-bande; les deuxièmes servans se portent à leurs secours à l'extrémité des leviers, et tous quatre, tournant le dos à l'avant-train soulèvent la culasse; le pointeur servant tourné du même côté, place son levier en rouleau sous le premier renfort, l'arrêtoir dépassant le flasque de gauche, et le fait avancer jusqu'au centre de mire.

. Le premier servant et le pointeur débarrent, le premier porte son levier en croix sous celui qui est dans l'ame, et le pointeur posse le sien dans l'anse de droite pour maintenir la pièce; les seconds et les troisième servans se portent au secours des premiers; le second de droite, à côté et endehors du premier, au levier qui est en croix; le troisième de droite à l'extrémité du levier qui est dans l'ame, le second et le troisième de gauche, celui-ci endehors, au levier qui est en croix.

Au troisième commandement, tous agissent ensemble, font descendre doucement la pièce dans son encastrement de tir, le pointeur servant faisant tourner son levier.

Au quatrième commandement, les troisièmes servans retournent à leurs postes; les seconds, se portent à la tête des flasques, replacent les sus-bandes, celui de droite désenraie la roue et reprend son boute-feu; les premiers servans pèsent sur le levier qui est dans l'ame pour baisser la volée, celui de droite tenant le sien par le milieu, le gros bout à terre; les pointeurs dégagent leurs leviers et les posent de bout contre les bras du coffret; le dernier soutient la semelle, l'autre relève la vis de pointage; les premiers servans laissent baisser la culasse, celui de gauche dégage son levier et le replace à l'aide du second; le premier servant de droite présente le sien, par le petit bout, au deuxième de gauche; les pointeurs, qui ont repris les leurs, les passent, par le gros bout, au même servant, lequel les replace à l'aide du premier de son côté, tous reprennent leurs postes.

83. Si l'on doit ôter l'avant-train immédiatement après avoir changé d'encastrement, l'instructeur commandera :

1. *Préparez-vous à changer d'encastrement et à ôter l'avant-train.*
2. *Changez d'encastrement etc.*

La manœuvre s'exécutera de la même manière, à l'exception qu'au quatrième commandement, les pointeurs poseront leurs leviers dans les anneaux de manœuvre et les premiers servans conservent les leurs, qu'ils remettront aux seconds servans pour les placer dans les anneaux de pointage aussitôt que les crosses seront posées à terre.

84. Voulant faire replacer la pièce dans l'encastrement de route, l'instructeur commandera :

1. *Préparez-vous à changer d'encastrement.*
2. *Changez d'encastrement.*
3. *Ferme.*
4. *A vos postes.*

L'exécution de ces commandemens est la même que dans la manœuvre précédente aux modifications suivantes près :

Au premier commandement, les seconds servans lèvent les sus-bandes, en se portant devant la tête des flasques; celui de droite enraie la roue, en passant la chaîne sous le rais le plus bas qu'elle puisse embrasser.

Au deuxième commandement le premier servan de gauche introduit son levier dans l'ame de la pièce et pèse, à l'aide du premier servant de droite, pour baisser la volée; les pointeurs posent leurs leviers de bout entre les bras du coffret; le pointeur couche la vis de pointage dont il appuie la tête contre l'entretoise de support; le pointeur servant soutient la semelle et l'abat ensuite, puis tournant l'un et l'autre le dos à l'avant-train; le pointeur servant passe son levier en rouleau sous le premier renfort et le pointeur engage le sien dans l'anse droite.

Au troisième commandement, tous agissent pour remonter la pièce dans son encastrement de route.

Au quatrième commandement, les troisièmes servans reprennent leurs postes; le premier servant de droite embarre sous le bouton de culasse, le pointeur sous la plate-bande; les seconds se portent à leur secours à l'extrémité des leviers, et tous quatre, tournant le dos à l'avant-train, soulèvent la culasse; le pointeur servant dégage les leviers; le pointeur et le premier servant retirent les leurs.

Les seconds servans, placés entre les flasques et la roue, remettent les sus-bandes, celui de droite après avoir désenraié la roue, et reprend ensuite son boute-feu; celui de gauche reçoit successivement les leviers des premiers servans, des pointeurs et les replace à l'aide du premier de son côté; tous enfin reprennent leurs postes.

85. Si l'on doit changer d'encastrement immédiatement après avoir remis l'avant-train, l'instructeur commandera :

1. *Amenez l'avant-train et préparez-vous à changer d'encastrement.*

2. *Changez d'encastrement etc.*

La pièce étant remise sur l'avant-train, les pointeurs prendront chacun un des leviers placés dans les anneaux de manœuvre chacun tirera celui dont le gros bout est tourné de son côté, et les seconds servans passeront aux premiers les leviers qu'ils doivent ôter des anneaux de pointage.

Le reste de la manœuvre s'exécutera ainsi qu'il vient d'être dit.

NOTE SUR LE POINTAGE,

86. Pointer une pièce, c'est la diriger et l'incliner de manière que le projectile aille frapper le but qu'on veut atteindre (1).

(1) La qualité de la poudre et la quantité dont la charge est composée influent sur la portée et par suite sur le pointage; mais comme les pièces de bataille se tirent toujours avec les mêmes charges et qu'on suppose à la poudre une portée uniforme, les règles sont seulement relatives à la direction et à l'inclinaison de la pièce. La charge des canons de bataille est égale au tiers du poids du boulet. La poudre à canon doit être telle, que 92 grammes (3 onces) portent à 220 mètres, le globe de l'éprouvette pesant 29 kil. 30 (60 livres.

Diriger une pièce, c'est la placer de manière que l'œil du pointeur, les points les plus élevés de la culasse et du bourlet, soient avec le but sur une même ligne droite, qu'on appelle *ligne de mire naturelle* (1).

L'axe de la pièce est une ligne droite, qu'on imagine passer par le milieu de l'ame, dans toute sa longueur, ou la ligne droite que suivrait le centre du boulet, s'il n'y avait pas de vent ou de vuide entre le boulet et les parois de la pièce : cette ligne droite prolongée indéfiniment s'appelle *ligne de l'axe* (2).

Dans les canons, le diamètre de la plate bande étant plus grand que celui du renflement du bourlet, la ligne de mire est inclinée sur la ligne de l'axe, et la rencontre en avant de la bouche.

Le boulet est lancé hors de la pièce dans la direction de l'axe; mais comme il tend, par son poids, à se rapprocher de la terre, en même temps qu'il est poussé en avant par la force de la poudre, il est à chaque instant écarté de la ligne de l'axe, et finit par toucher à terre : la ligne courbe qu'il suit dans ce trajet, se nomme *ligne de tir* ou *trajectoire*; elle se confond un moment avec la ligne de l'axe, passe avec elle au-dessus de la ligne de mire, à peu de distance de la pièce, mais s'inclinant à chaque instant

______

(1) Dans la plupart des canons, ces points sont indiqués sur la culasse et sur le bourlet par deux entailles qu'on nomme *crans de mire*.

(2) L'expression *ligne de l'axe* est inexacte, puisqu'on ne peut pas dire la ligne d'une ligne; mais comme elle est consacrée par l'usage et plus à la portée des canonniers, on n'a pas cru devoir la changer.

5

vers la terre, elle vient la couper de nouveau pour se retrouver au-dessous. Le point où la ligne de tir rencontre pour la seconde fois la ligne de mire se nomme *but en blanc*, et sa distance du canon *portée du but en blanc*.

L'expérience a appris qu'avec la charge de guerre, la poudre ayant la portée de réception, les portées du but en blanc, lorsque la ligne de mire naturelle est sensiblement horizontale, sont de :

Pièce de 12 . . . . 270 toises.

Pièce de 8 et de 6 260

Pièce de 4 250

De ce qui précède se déduit la règle suivante :

Pour pointer une pièce de but en blanc, le pointeur dirige la pièce en faisant rendre la crosse convenablement, et lui donne l'inclinaison au moyen de la vis de pointage, de manière que la ligne de mire aboutisse au but.

Si, l'objet à battre étant plus éloigné que le but en blanc, la pièce restait pointée de la même manière, le boulet arrivant toujours au même point de la ligne de mire, passerait ensuite au-dessous de cette ligne, et par conséquent au-dessous du but : pour qu'il puisse l'atteindre, il faut élever la ligne de tir, ce qui éloigne le point où elle va rencontrer la ligne de mire; on y parvient en élevant la volée de la pièce : mais alors la ligne de mire continuant à passer par le but et le point le plus élevé du boulet, laisse la culasse au-dessous d'elle. Pour mesurer cet abaissement de la culasse, et en même temps suppléer au point fixe que la ligne de mire trouvait sur la culasse, on employe la *hausse*, ainsi nommée, parce qu'elle sert à relever la ligne de mire.

De là résulte la règle suivante :

Pour pointer sur un objet situé au-delà du but en blanc, le pointeur dispose d'abord la pièce comme pour le but en blanc, place la hausse au nombre de lignes indiqué par le chef de pièce, et baisse la culasse jusqu'à ce que, visant par la partie supérieure de la hausse et par le point le plus élevé du bourlet, son œil rencontre de nouveau le but.

Le chef de pièce indiquera deux lignes de hausse pour chaque cinquante mètres au-delà du but en blanc.

Lorsque le point à battre est plus près de la pièce que le but en blanc, si l'on pointait avec la ligne de mire naturelle (celle donnée par le canon sans employer la hausse), le boulet passerait au-dessus du but; pour qu'on puisse l'atteindre, il est donc nécessaire de pointer en dirigeant la ligne de mire au-dessous du point à battre.

L'expérience indique qu'il faut,

Pour chaque vingt toises en-deçà du but en blanc, pointer un pied en dessous du point à battre, jusqu'à la moitié de la distance du but en blanc où l'on pointera le plus bas possible; et, à partir de cette moitié, diminuer d'un pied l'abaissement, à mesure que le but se rapproche de vingt toises de la bouche de la pièce.

Lorsque, par suite de la pente du terrain, les roues sont inégalement élevées, la ligne des crans de mire étant déversée du côté de la roue la plus basse, ne rencontre plus la trajectoire en deux points. Il faut donc ne plus y faire aucune attention et suivre la règle suivante :

Diriger la ligne de mire sur les points les plus élevés de la culasse et du bourlet dans la position actuelle de la pièce, et se servir, s'il y a lieu, d'une hausse indépendante.

Ou si, pour faire usage de la hausse, on dirige la ligne de mire par les crans de mire.

Il faut pointer au-dessus de l'objet à battre et à droite ou à gauche du côté de la roue la plus élevée, et faire ces rectifications d'autant plus fortes que la différence de niveau entre les roues est plus grande et que le but est plus éloigné.

Lorsque le terrain s'élève en avant de la pièce, celle-ci tirant de bas en haut, la ligne de mire est plus élevée, ce qui rapproche le but en blanc : dans ce cas, on doit augmenter la hausse; on doit au contraire la diminuer, si le terrain s'abaisse en avant de la pièce.

Dans le tir à mitraille, on doit beaucoup augmenter la hausse, pour porter le plus grand nombre de balles sur le front à battre.

D'après ce qui précède on reconnaitra que la première condition de pointage c'est de pouvoir évaluer, avec quelque exactitude, par un moyen simple et rapide, sans secours d'instrument ni de calcul compliqué, la distance à laquelle on se trouve de l'objet que l'on veut atteindre.

Les pièces présentent elles mêmes un moyen facile de déterminer cette distance : il consiste à pointer au sommet d'un objet d'une hauteur connue, situé au but que l'on veut frapper, tel qu'un homme à pied ou à cheval, puis de ramener, au moyen de la hausse le rayon visuel au pied du même objet. Connaissant la distance de la plate-bande de culasse au bourlet ou se trouve le point de mire ainsi que la hausse donnée et la hauteur de l'objet visé, on déterminera, par une simple proportion, la distance cherchée.

Pour éviter tout calcul sur le terrain on dresse à l'avance une table qui indique les distances correspondant à telles hausses; si cette table était établie dans l'hypothèse que l'on eut pris un fatassin (5 pied 6 pouces) pour objet de mire; il suffirait d'ajouter moitié en sus aux hausses pour passer au cas ou l'objet de mire serait un cavalier.

CHAPITRE II.

Manœuvres de force des bouches à feu de bataille.

PRÉAMBULE.

Le service d'une pièce de bataille peut être interrompu parce que la roue, la pièce ou l'affût sont mis hors de service, ce qui donne lieu, pour le remplacement, à des manœuvres qui doivent être exécutées par les canonniers de la pièce et avec les seuls agrès dont elle est pourvue.

Ce chapitre est divisé en quatre leçons.

La première a pour objet d'apprendre à changer une roue.

La seconde, de descendre une pièce de son affût.

La troisième, de monter une pièce sur son affût.

La quatrième de transporter la pièce au moyen de l'avant-train.

Les manœuvres sont les mêmes pour toutes les pièces de bataille; mais pour les pièce de gros calibres le nombre des servans ordinaires serait insuffisant; il devra être augmenté de deux hommes, qui prendront la dénomination de *quatrièmes servans*.

Dans toutes les manœuvres, on suppose la pièce

en battterie, le seau enlevé, les écouvillons placés à la droite de la pièce, la brosse sur le seau, le tirrebourre à côté, les leviers aux flasques et les servans à leurs postes; les quatrièmes servans, au gros calibre, à deux pas en arrière des troisième servans.

L'instructeur veillera à ce que chaque servant remplisse exactement ses fonctions, sans s'occuper de celles des autres, et surtout à ce que l'exécution de chaque commandement soit suivie d'une immobilité absolue.

Ire LEÇON.

Changer la roue.

Pièce de 6 ou 4.

Nota. La roue de rechange sera disposée d'avance à portée; les troisièmes servans seront chargés de ce soin et de remettre la roue échangée sur l'essieu porte-roue, quand il y aura lieu.

SOMMAIRE DE LA MANOEUVRE.

Assurer les sus-bandes, lever la vis de pointage de toute sa hauteur, soulever l'affût à l'aide d'un levier passé dans l'ame de la pièce et d'un second mis en croix et le soutenir pendant qu'on change la roue.

87. L'instructeur commandera :

1. *Préparez-vous à changer la roue.*
2. *Levez l'affût, ferme.*
3. *Changez la roue.*
4. *A vos postes.*

Au premier commandement, les seconds servans

assurent les sus-bandes, le premier servant de gauche détachent deux leviers à l'aide du second, il en
passe un au premier de droite et garde le second,
ces deux servans les tiennent debout de la main extérieure et pèsent sur la volée.

Le pointeur lève la vis de pointage de toute sa
hauteur.

Le premier servant de gauche met son levier dans
l'ame de la pièce; celui de droite place le sien en
croix, en dessous, et s'y applique face à la pièce.

Le second servant de droite se porte au levier qui
est dans l'ame.

Le second servant de gauche, le pointeur et le
pointeur servant, à celui qui est en croix, ces deux
derniers en dedans, tous faisant face à la pièce.

Le troisième servant de gauche ôte l'esse et la
rondelle, saisit le devant de la roue, et le troisième
de droite, le derrière (1).

Le chef de pièce saisit des deux mains la jante
supérieur de l'autre roue, et appuie un pied sur la
jante inférieur.

Au deuxième commandement, tous font effort
pour soulever la partie gauche de l'affût, le chef
de pièce maintenant la roue droite pour l'empêcher
d'être soulevée et de glisser.

Au troisième commandement, les troisième servans enlèvent la roue gauche et la remplacent promptement par celle de rechange

Le troisième de gauche replace la rondelle et l'esse.

(1) Ce serait le troisième de droite qui ferait l'office du
troisième de gauche et réciproquement, si l'on changeait la
roue droite.

Au quatrième commandement, les premiers servans dégagent leurs leviers, celui de droite à l'aide
du second les remet à leur place.

Le pointeur baisse la vis de pointage.

Tous reprennent la position *à vos postes.*

Observation. Si l'essieu est à terre, soit parce que
la roue a été totalement brisée, soit parce que l'esse
étant perdue elle est sorti de la fusée, on modifie la
manœuvre de la manière suivante :

Les premiers, les seconds servans, les pointeurs
et le chef de pièce étant placés comme à la fin du
premier commandement, les troisièmes s'appliquent
aux flasques, celui de gauche à la tête et celui de
droite à l'autre extrémité.

Au commandement *placez la roue* fait au lieu de
changez la roue, les troisièmes servans abandonnent
le flasque, saisissent promptement la nouvelle roue
et la mettent en place.

II.ᵉ LEÇON.

Descendre une pièce de son affût.

Pièce de 6 ou 4.

SOMMAIRE DE LA MANOEUVRE.

Élever la vis de pointage de toute sa hauteur, lever les
crosses, dresser la pièce à terre d'aplomb sur sa bouche,
retirer l'affût et renverser la pièce à terre, les anses en
dessus.

88. L'instructeur commande :

1. *Préparez-vous à descendre la pièce.*
2. *Descendez la pièce, ferme.*
3. *A vos postes.*

Au premier commandement, le premier servant de gauche à l'aide du second, détache deux leviers il en passe un au premier servant de droite et conserve le second ; ces deux servans les placent derrière eux et pèsent sur la volée.

Les deuxième lèvent les sus-bandes, les posent sur l'essieu, et se placent contre les flasques à hauteur du bouton de culasse, ils font effort d'une main sur le bouton de culasse, et s'appuyant de l'autre contre la roue.

Le pointeur lève la vis de pointage de toute sa hauteur et tous deux vont saisir les crosses.

Les troisièmes calent les roues et se portent ensuite aux flasques près des pointeurs.

Au deuxième commandement, les premiers servans pèsent sur la volée ; les pointeurs à l'aide des troisièmes lèvent les crosses jusqu'à ce que la bouche de la pièce pose à terre.

Les seconds servans poussent la culasse pour dresser la pièce. Aussitôt qu'elle est verticalement placée sur sa bouche, ils se portent au secours des premiers pour la maintenir dans cette position (1) les pointeurs baissent les crosses ; les troisièmes décalent les roues, et saisissent les rais pour aider à reculer l'affût.

Lorsque l'affût a reculé de quelques pas, les premiers et les deuxièmes (2) renversent la pièce en la faisant tomber du côté opposé aux anses.

(1) Pour la pièce de 4, les premiers servans suffisent pour la maintenir dans cette position.

(2) Pour le 4, les premiers servans suffisent.

Au troisième commandement, les seconds servans replacent les sus-bandes, et le premier de gauche à l'aide du deuxième replace les leviers, et tous reprennent leurs postes.

III.ᵉ LEÇON.

Monter une pièce sur son affût

Pièce de 6 ou 4.

La pièce est supposée à terre les anses en dessus.

SOMMAIRE DE LA MANŒUVRE.

Mettre un levier en croix sous le premier renfort et un autre sous le bouton de culasse. Appliquer deux hommes au premier, quatre au second et deux aux anses; le chef de pièce appuyant un pied sur le bourlet. La pièce dressée, amener l'affût, lever la crosse et mettre la pièce en place.

L'instructeur commandera :

1. *Préparez-vous à monter la pièce.*
2. *Attention, ferme.*
3. *Placez la pièce.*
4. *A vos postes.*

Au premier commandement, les seconds servans détachent les leviers et les passent, celui de droite au pointeur servant, et celui de gauche au premier du même côté, et lèvent ensuite les sus-bandes.

Le premier de gauche introduit son levier dans l'ame et soulève la volée, à l'aide du premier de droite.

Le pointeur servant place son levier en croix sous la pièce, un peu en arrière des tourillons ; cela fait, le premier de gauche retire le sien qui était dans l'ame, pour aller le placer en croix sous le bouton de culasse.

Le premier de droite et les seconds se portent au levier qui est sous la culasse, ceux-ci en dedans.

Le pointeur au levier placé près des tourillons ; les troisième aux anses.

Le chef de pièce appuie un pied sur le bourlet, pour empêcher la pièce de glisser.

Au deuxième commandement, tous agissent ensemble pour dresser la pièce sur sa bouche ; lorsqu'elle y est solidement établie, les premiers et seconds servans la maintiennent.

Au troisième commandement, les pointeurs reprennent leurs leviers, se portent à l'affût et les placent dans les anneaux de pointage.

Les troisièmes se portent aux roues, tous quatre amènent l'affût à bras en avant, de manière que la tête soit à un pied environ de la pièce.

Les pointeurs aidés des troisièmes (1) soulèvent les crosses ; ceux-ci calent les roues et viennent ensuite se placer contre les flasques au secours des pointeurs.

Les premiers et les deuxièmes poussent doucement la pièce, pour faire arriver les tourillons dans leurs encastremens.

Au quatrième commandement, les troisièmes décalent les roues.

(1) Pour la pièce de 4 les pointeurs seulement.

(84)

Les seconds replacent les sus-bandes.

Le servant de gauche à l'aide du second replace les leviers. Tous reprennent leurs postes.

Nota. Pour dresser la pièce de 4 il est inutile de placer un levier sous la culasse près des tourillons.

De même pour pousser la pièce de manière à la faire arriver dans ses encastremens, les seconds n'ont pas besoin de se porter au secours des premiers : et dans ce cas ce sont eux et non les troisièmes servans qui se portent aux flasques au secours des pointeurs pour soulever les crosses.

90. *Observation.* Il résulte des deux manœuvres précédentes que pour changer un affût il faut d'abord dresser la pièce qu'il porte comme à la première partie de la manœuvre n.° 88, ensuite amener le nouvel affût et y placer la pièce comme il est dit à la deuxième partie de la manœuvre n.° 89.

IVe LEÇON.

Transporter la pièce.

La pièce est supposée à terre les anses en dessus.

SOMMAIRE DE LA MANŒUVRE.

Détacher la prolonge, amener l'avant train, le placer de manière que la culasse soit tourné vers le timon et la cheville ouvrière au-dessus des anses, lever le timon, brêler les anses à la cheville ouvrière et la culasse en avant des armons.

91. L'instructeur commande :

    1. *Préparez vous à transporter la pièce.*

    2. *Brêlez la pièce, ferme.*

    3. *En avant.*

    4. *Marche.*

Au premier commandement les troisième servans amènent l'avant-train et le place de manière que le timon soit dans le prolongement de la pièce, le derrière des anses correspondant au devant de l'essieu, le bouton de culasse vers la sassoire.

Les seconds servans calent les roues.

Les troisièmes détachent la prolonge et la doublent; celui de droite en présente le milieu au pointeur, qui l'arrête à la cheville ouvrière par un nœud d'artificier (1); il en sépare ensuite les deux brins, l'aissant l'un en arrière et ramenant l'autre en avant.

Les pointeurs passent ensuite à hauteur de la tête des armons chacun de son côté.

Tous les servans se réunissent au timon, le deuxième de gauche y portant un levier.

Au deuxième commandement, le timon étant à terre, le pointeur aidé du pointeur servant fait un tour de prolonge en avant des armons, passe le brin sous la volée, enveloppe de nouveau le timon et brêle ensuite la pièce en passant la prolonge alternativement sous la volée et derrière la cheville ouvrière; il réunit enfin les deux parties du brelage en les embrassant plusieurs fois avec le bout resté libre et l'arrête par un demi-nœud allemand (2).

(1) Pour faire le nœud d'artificier, il faut 1. former une boucle de chaque main, l'une en dessous, l'autre en dessus du milieu du cordage; 2. placer sur la boucle dont le bout libre est en dessus, celle dans laquelle il est en dessous; 3. engager la cheville ouvrière dans l'anneau formé par la réunion des deux boucles, et serrer.

(2) Pour faire un demi nœud allemand, il faut engager le bout libre sous le brin qui forme le dernier tour, le ramener en dessus et serrer.

Les deux pointeurs passent ensuite en arrière.

On élève le timon jusqu'à ce que le corps destiné touche le premier renfort immédiatement derrière les anses, et le deuxième servant de gauche l'arrête au moyen de son levier qu'il pose le petit bout à terre et qu'il maintient de la main droite la gauche se plaçant au timon.

Le pointeur brêle la culasse en faisant passer le brin successivement de la cheville ouvrière au bouton, et arrête le brêlage de la même manière qu'il a arrêté celui de la volée.

On retire le levier et on baisse le timon.

Au troisième commandement, le deuxième servant de gauche place son levier en galère au bout du timon ; les deuxièmes de droite et les troisièmes s'appliquent avec lui à ce levier.

Les premiers servant se placent en arrière de la sassoire.

Les pointeurs aux roues.

Les quatrièmes aux polermiers.

Au quatrième commandement, tous les servans font effort et l'on fait marcher l'avant-train.

92. *Observation.* On n'exécute le troisième et le quatrième commandement avec les servans que dans les polygones, pour faire voir la solidité du brêlage et comment se comporte le système pendant la marche ; mais en campagne, on ferait usage de l'attelage pour transporter la pièce ; et la manœuvre, pour les canonniers servans, se réduirait à l'exécution des deux premiers commandemens. Dans ce cas, les armemens et attirails de la pièce seraient portés par les canonniers, savoir :

Les écouvillons et le tiré-bourre par les premiers servans ;

Le seau par le second de droite ;

Les leviers par le pointeur servant et le second de gauche.

Nota. On n'a pas décrit de manœuvre particulière pour relever une pièce versée en cage. Lorsque ce cas se présentera (ce qui arrivera très-rarement avec le nouveau matériel de campagne), on séparera la pièce de l'affût, on le relevera et l'on y remontera la pièce par la manière qui a été donnée.

NOMENCLATURE

Des canons de bataille et de l'affût.

LE CANON.

SES PARTIES.

Bourlet en tulipe.
Collet.
Vollée.
Second renfort.
Premier renfort.
Culasse.
Cul-de-lampe.
Bouton de culasse.
Tourillons.
Embases des tourillons.
Anses.
Lumière et grain de lu-
  mière.
Bouche.
Ame.

MOULURES.

Astragales avec ces deux
  listels.
Plate-bande du deuxième
  renfort avec sa doucine.
Plate-bande du premier
  renfort avec sa doucine.
Plinthe ou plate-bande de
  culasse.

ASSORTIMENS.

COFFRET.

Corps du coffret.
Bras.
Équerres en tôle.
Charnières.
Moraillon et sa semelle.
Tourniquet.

Étriers des bras du coffret.
Double équerre.

SEAU.

Tampon.
Anse à anneau.
Cercles.
Poignée du tampon.

AFFUT DE CANON.

PIÈCES EN BOIS.

Deux flasques.

Encastrement { de route. / de tir.

Il n'y en a qu'un aux affûts de 6 et de 4.

Cintre { de rais. / de crosse.

Talus de flasques.
Crosses.
Entretoise de volée.
Entretoise de suppor
Entretoise de lunette.
Semelle.
Roues.
Moyeu.
Le bouge.
Le gros bout.
Le petit bout.
Rais.
Le corps
La patte.
La broche
Jante.

PROLONGE.

Arrêt ou T.
Anneau.

ENRAYURE.

Pour la pièce de 4.

ARMEMENTS.

TRANSPORTÉS AVEC LA PIÈCE.

Écouvillon.
La hampe.
La brosse.
La virole de la brosse.
Le refouloir.
La virole du refouloir.

LEVIÉRS.

L'anneau.
La virole.
L'arrêtoir.

TIRE-BOUERE.

La hampe.
La douille.
Les branches en élices.

PORTÉS PAR LES CANONNIERS.

Boute-feu.
Porte-lance.
Dégorgeoir. ordinaire.
Dégorgeoir à vrille.
Doigtier.
Sacs à charge.
Sacs à étoupille.
Étui à lances.

FERRURES.

Crochet à pointe droite.
Porte écouvillon.
Crochet à fourche et sa chevillette d'id.
Crochet porte seau.
Crapaudines d'écrou. de vis de pointage.
Écrous de vis de pointages.
Vise de pointage.
Crochets de retraite.
Doubles crochets.
Boulons d'assemblage.
Sous-bandes fortes.
Sous-bandes meinces.
(Celles-ci n'existent pas dans l'affût de 6 et de 4).
Chevilles à tête plate·
Chevilles à mentonnet.
Sus-bandes.
Bandes de renfort
Bandes d'essieu.
Liens de flasques.
Lunette et la contre lu-
nette.
Anneau d'embrelage.
Bandelette.
Anneau carrés de manœu-
vre.
Plaques de frottement de sassoire.
Plaques d'appui de roue.

Bandeaux de semelle.
Plaques de semelle.
Charnière de semelle,
Chaîne de semelle.
Chaîne d'enrayage.
Crochet porte chaîne d'enrayage.
Porte de chaîne d'enrayage
Flotte à crochet.
Bandes.
Cordons.
Frettes.

AVANT-TRAIN.

PIÈCES EN BOIS.

Sellette.
Corps d'essieu.
Armons.
Sassoire.
Timon.
Volée de derrière.
Volée de devant.
Polermiers.
Roues.

FERRURES,

Essieu.
Coiffe de sellette.
Cheville ouvrière.
Boulon de sellette.
Huntequins à pates.
Étriers.
Brides d'étriers.
Tirans de volée.

Brelan à fourche.
Happe à virole et à crochet.
Happe à crochet.
Chaînes d'attelage.
Boulon d'assemblage.
Frettes d'armons.
Pièces d'armons.
Lunettes de volée et de polermiers.

Crochet de volée.
Chaîne d'embrelage.
Bride d'id
Pitons de prolonge.
Équerres à tige.
Bout de chaîne pour soutenir le coffre de 8.
Bande de renfort de sassoire

ARMEMENTS NÉCESSAIRES D'UNE PIÈCE DE CANON.

Deux écouvillons dont un de rechange.
Un tire-bourre (pour deux pièces).
Quatre leviers (trois dans l'affût de 4).
Un seau d'affût.
Un coffret.
Une prolonge.
Deux sacs à munitions.
Un étui à lance.
Un porte lance.
Un sacs à étoupille.
Trois dégageoirs dont un à vrille.
Un doigtier
Un boute-feu.

EXTRAIT DE L'ORDONNANCE

DU 25 MARS 1768

SUR LE SERVICE DANS LES PLACES.

FONCTIONS DES COMMANDANS DE POSTES.

ART. 1. A la formation des postes au quartier, chaque commandant de poste formera le sien et le partagera en deux sections, observant de placer aux ailes les hommes les plus instruits. Il prendra un ton de commandement décidé, et empêchera le soldat de se négliger.

2. La nouvelle garde arrivant à quinze pas de son poste, son commandant fera porter les armes, battre aux champs et prendre le pas; il la mettra en bataille à la gauche de l'ancienne garde.

3. Quand le terrain ne sera pas assez large pour les deux gardes de front, l'ancienne se placera face au corps-de-garde, auquel la nouvelle tournera le dos.

4. Le commandant de la nouvelle garde formera ensuite la sienne, sur un, deux ou trois rangs, suivant sa force.

S'il y a moins de onze hommes présens sous les armes, les sentinelles non comprises, la garde sera formée sur un rang; sur deux, s'il y a moins de dix-sept hommes, et au-dessus de ce nombre, sur trois rangs.

Les caporaux se placeront toujours à la gauche de la garde, afin que les mêmes hommes aient toujours les mêmes chefs de file, et que le caporal puisse se détacher sans rien changer à la formation du poste.

5. Le commandant de la nouvelle garde lui fera ensuite charger les armes, si elles doivent l'être au poste qu'il occupe; il la numérotera, et lui fera prendre l'arme au bras. Il enverra le caporal de consigne faire la visite du corps-de-garde, et, après avoir reçu son rapport, il fera sortir

des rangs les hommes qui doivent aller en faction, leur fera porter les armes, et désignera la place de chacun.

6. Toutes les sentinelles de l'ancienne garde étant rentrées, les commandans des deux gardes leur feront porter les armes; l'ancienne partira, et, à quinze pas du poste, son commandant lui fera remettre la baïonnette, porter l'arme au bras, et la ramènera à son quartier.

Le commandant de la nouvelle garde fera en même temps reposer la sienne sur les armes; il lui fera mettre la baguette dans le canon, puis reporter les armes, et, après que l'ancienne aura ôté la baïonnette, il mettra la sienne par le flanc, lui fera faire haut les armes, rompre les rangs, et placer les armes au râtelier, suivant les numéros, après cela, il enverra au bois et à la chandelle.

7. Le commandant se fera ensuite répéter la consigne par le caporal de pose et les sentinelles.

8. Les commandans des postes emploieront toujours pour. les ordonnances, rapports ou reconnaissances, les hommes les plus instruits.

9. L'officier commandant un poste se placera à deux pas devant le centre de sa garde; mais si le commandant d'un poste n'est que sergent ou caporal, il se placera à la droite de sa garde.

10. Le commandant d'une garde ne doit point quitter son épée ou sabre, ni son hausse-col.

11. Il fera réveiller les hommes qui doivent aller en faction, un quart-d'heure d'avance; il se les fera présenter par le caporal de pose, et assignera à chacun sa place.

Il fera toujours placer les plus anciens soldats devant les armes et aux postes les plus exposés ou les plus essentiels; et si tous les postes sont également importans, il placera les recrues aux postes les plus à portée du corps-de-garde, afin de les surveiller plus aisément.

12. Il tiendra la main à ce que les hommes qui vont en faction soient en bonne tenue, aient les armes chargées et bien amorcées, et que les pierres de leurs fusils soient bien assujetties.

13. Il examinera les hommes revenant de faction, et se fera rendre compte de l'état dans lequel le caporal de pose aura trouvé le poste de chaque sentinelle ; il les fera rentrer ensuite au corps de garde.

14. Il fera faire de temps en temps l'appel de sa garde, et la fera sortir quelquefois avec ou sans armes, pour habituer les soldats à se former promptement.

15. Le commandant d'une garde pourra punir les fautes légères par quelques heures de faction, ou par les corvées de garde.

Il fera arrêter sur le champ l'homme de sa garde qui aurait commis quelque faute grave. Il en enverra de suite le rapport au commandant de la place et à celui de son corps.

16. Le commandant d'un poste ne permettra à aucun soldat de s'en absenter.

17. Il empêchera les étrangers de boire, jouer ou manger au corps-de-garde.

18. A l'heure indiquée, il fera chercher par son caporal de consigne, l'ordre, la boîte et le registre des rondes.

19. Après la retraite, il fera mettre à sa garde les bonnets de police, et poser les sentinelles de nuit.

20. Il ne fera battre la caisse la nuit que dans les cas d'alarme.

21. Au point du jour, il fera rentrer les sentinelles de nuit, et à l'heure ordonnée il enverra le rapport de ce qui s'est passé à son poste ; et, si ce rapport intéresse son corps, il en rendra compte à son chef.

22. S'il survient quelque chose à son poste après le rapport du matin, il en rendra compte sur-le-champ.

23. S'il éclate quelque incendie dans le voisinage de son poste, il y enverra un détachement de sa garde, et en instruira sur le champ le commandant de place.

Des honneurs à rendre par les gardes.

24. Le commandant d'une garde lui fera prendre les armes pour les généraux, pour les troupes armées et pour

les rassemblemens considérables de personnes quelconques.

25 Il fera présenter les armes et battre aux champs pour les généraux en chef.

26. Il fera porter les armes et rappeler pour les généraux de division.

27 Il fera porter les armes pour les généraux de brigade, et le tambour sera prêt à battre.

28. Il fera prendre les armes pour le commandant de la place. Si ce commandant est officier général, la garde lui rendra les honneurs dus à son grade; mais s'il a un grade inférieur à celui de général de brigade, la garde reposera sur les armes.

29. Pour les officiers supérieurs de visite de poste, le commandant d'une garde la fera reposer sur les armes, et attendra les ordres de l'officier de visite.

30. Une garde ne porte les armes, et le tambour ne bat aux champs pour une troupe qui passe devant elle, qu'autant que cette troupe a l'arme portée et que ses tambours battent; dans le cas contraire, le poste reste l'arme au bras.

31. Les gardes ne prennent les armes dans le cas d'attroupement que pour leur propre sûreté; elles garderont l'arme au bras.

SERVICE DES PORTES.

ART. 1. Le commandant de la garde à une porte enverra le concierge, escorté de deux fusiliers, chercher les clefs, à l'heure qui sera indiquée par l'état-major de la place pour la fermeture des portes; il enverra à la barrière le caporal et deux hommes de l'avancée, ou, si l'avancée est trop faible, un caporal et deux hommes de sa garde : il fera monter deux hommes sur le rempart et battre la retraite.

2, Dans les places où il n'y aura point de portiers établis on enverra chercher les clefs par un fusilier de la garde sans armes, escorté par un autre armé.

3 Les clefs arrivant à la garde, le commandant de la garde lui fera prendre les armes, et attendra l'arrivée de l'officier de la place chargé du service des portes : il fera balayer les ponts-levis.

4. L'officier de la place étant arrivé, le commandant formera sa garde en double haie à droite et à gauche sous la voûte de la porte, et lui fera présenter les armes

5. Il fera suivre l'officier de la place par le caporal de consigne avec un falot, ou, à défaut de caporal de consigne, par un fusilier sans armes.

Il fournira le nombre d'hommes, sans armes, nécessaire pour fermer les portes, et il donnera à l'officier de la place deux fusiliers pour escorter les clefs. Pendant toute la durée de la fermeture des portes, le tambour battra aux champs sur le parapet ou rempart.

6. Si le poste de l'avancée doit se retirer la nuit, il suivra l'officier de la place à son retour, et le commandant de la garde lui assignera une place pour ses armes.

7. Les portes étant fermées, les clefs seront rapportées chez le commandant de la place, dans le même ordre qu'on les aura été chercher.

8. Les portes ne seront ouvertes la nuit que par ordre du commandant de la place et en présence de l'officier de la place. On en agira comme il est dit ci-dessous pour l'ouverture des portes, mais sans faire battre la caisse.

9. Au point du jour, le commandant de la garde fera battre la diane sur le rempart, et enverra chercher les clefs, comme il est dit ci-dessus, puis il fera prendre les armes à sa garde, et enverra un caporal sur le rempart, pour découvrir ce qui se passe au dehors.

10. L'officier de la place étant arrivé, il sera suivi par deux hommes escortant les clefs : par ceux destinés à faire la reconnaissance, par d'autres sans armes pour ouvrir les portes, et par le poste de l'avancée, s'il s'est retiré la nuit. A mesure qu'il aura passé un pont-levis ou une barrière, on relèvera les ponts-levis et on refermera les barrières sur lui.

11 L'officier de la place, arrivé à la barrière extérieure la fera ouvrir; la reconnaissance sortira, puis la barrière sera refermée aussitôt. La reconnaissance faite et le rapport parvenu au commandant de la place, celui-ci fera ouvrir les portes, reconnaîtra les personnes et les voitures qui se

présenteront pour entrer, et sa garde restera sous les armes, jusqu'à ce qu'elles aient passé.

12. Lorsqu'il n'y aura point de poste à l'avancée, le commandant de celui de la porte y enverra, à l'ouverture des portes, un détachement de sa garde avec l'officier de la place.

13. S'il se présente des personnes pour entrer ou sortir à la première ouverture, on ne le leur permettra que sur un ordre du commandant de la place, et, à défaut, on obligera celles en dehors de se retirer à cent pas de la barrière, et celles du dedans, à trente pas du corps-de-garde.

14. Après l'ouverture des portes, le commandant de la garde fera relever les postes de nuit, et exigera que les soldats soient bien tenus.

15. Les jours de marché ou de brouillard, on redoublera de précautions, et si le commandant le juge à propos, il tiendra la moitié de la garde sous les armes, et la moitié du poste de l'avancée à la barrière, jusqu'à ce que le brouillard soit dissipé, ou l'affluence diminuée.

16. En cas d'alarme, le commandant d'une garde à une porte fera prendre les armes à sa troupe, fermera la barrière extérieure, et fera lever le premier pont-levis.

17. Il fera conduire tous les étrangers au corps-de-garde de la place par un fusilier, à moins qu'il n'y ait à la porte quelque préposé pour vérifier les passeports.

Il examinera les permissions et feuilles de route des soldats voyageurs, et fera conduire au corps-de-garde de la place ceux qui n'en auraient pas.

18. Il fera conduire les déserteurs étrangers ou de l'ennemi au corps-de-garde de la place.

19. Si une voiture casse à la sortie d'une porte, le commandant prendra les précautions nécessaires pour la sûreté de la place, et pour maintenir une libre communication avec les sentinelles du dehors. Il fera arrêter toutes les voitures venant du dedans et du dehors, et pourra, s'il le juge à propos, faire fermer la barrière extérieure, et mettre sa garde sous les armes.

ARTICLE 1. Le sergent, ou un des caporaux devant être de garde dans la journée à un poste quelconque, se rendra à l'heure indiquée, au lieu où l'on tire les postes.

2. Tous les sous-officiers étant réunis, le moins ancien de grade du corps dont le numéro est le moins élevé, recevra dans son chapeau les billets portant chacun le nom d'un poste. Chacun en tirera un, en suivant les numéros des corps et l'ancienneté des sous-officiers dans le corps.

3. Chaque sous-officier gardera le poste qu'il aura tiré, sans pouvoir le changer, après avoir été inscrit sur le registre de service ; et, à son retour au quartier, il instruira le sergent-major de la compagnie du poste qui lui sera échu,

4. A la formation des postes au quartier, chaque sous-officier observera si l'adjudant lui donne le nombre d'hommes fixé pour celui dont il doit faire partie, et il se fera connaître à ces hommes, afin qu'ils le trouvent aisément après la parade.

5. Un caporal, commandant une patrouille pour la police, arrêtera, sans distinction, toute personne faisant du bruit, et la mènera au corps-de-garde de la place. Il arrêtera les soldats qu'il trouvera dans les rues après la retraite et sans permission.

6. Un caporal de planton dans un hôpital empêchera les infirmiers de soustraire de la viande de la marmite ou d'y ajouter de l'eau, et qu'aucun étranger n'introduise à manger dans les salles.

7. Un caporal d'ordonnance ne s'absentera pas de son poste pendant toute la durée de son service.

S'il est envoyé quelque part, il portera son arme au bras droit ; s'il rencontre un officier, il passera sans s'arrêter, mais en redressant son arme.

8. Un sous-officier ne pourra changer son tour de service, ou se faire remplacer, sans en avoir prévenu son sergent-major.

Caporaux de consigne.

9. Quand plusieurs caporaux seront de garde au même poste, le plus ancien sera caporal de consigne, et les autres caporaux de poste.

6

10. Le caporal de consigne est chargé de la propreté du corps-de-garde, et il demeure responsable de tous les effets qu'il y a trouvés.

11. Un corps-de-garde doit être garni, savoir : d'une lanterne, d'un chandelier avec des mouchettes, de bancs, d'une table, d'une cruche à l'eau, d'un balai, d'une écritoire avec une plume, d'un fourneau avec une pelle et des pinces à feu, d'un brancard, d'une hache et d'un tableau de consigne.

Le caporal de consigne est responsable de la conservation de tous ces objets, de celle des fenêtres, et de la propreté du poste.

12. Le caporal de consigne est chargé de faire les reconnaissances, d'aller à l'ordre et au rapport. Il envoie au bois et à la chandelle, et fait tirer les soldats entre eux pour ces corvées; lorsqu'il est de garde à une porte, il fait balayer les ponts-levis et éclairer l'officier de la place à la fermeture des portes.

13. Dès que la nouvelle garde est formée devant le corps-de-garde, et que ses armes sont chargées, il va faire la visite du corps-de-garde avec le caporal de l'ancienne garde, et il en rend compte à son commandant.

14. Quand il est temps d'aller à l'ordre, il en prévient le commandant de la garde, et se rend à la place d'armes ; en portant l'arme au bras droit, il se met dans le cercle, porte la main gauche au schakos, reçoit l'ordre et le rend à celui qui est à sa gauche : il retourne ensuite promptement à son poste, et donne l'ordre à son commandant, en mettant l'arme au pied et portant la main gauche au schakos.

15. Aux gardes des portes, il prévient le commandant, une demi-heure après la cloche, de faire chercher les clefs, et il fait balayer les ponts-levis.

16. A l'ouverture des portes, il va à la découverte avec quelques hommes, pour observer s'il n'y a personne aux environs de la porte, sous les ponts; enfin, s'il n'y a rien à craindre pour la sûreté de la place.

17. A huit heures et demie, il doit être rendu à l'endroit où la veille on a tiré les postes : les sous-officiers chargés

du rapport des postes étant réunis, le sergent de la garde de la place les conduit chez l'officier de la place chargé de cette partie du service; chacun d'eux lui remet la boîte, le registre des rondes et le rapport de son commandant : la boîte aux rondes et le registre visité, il les rapporte où il les a pris la veille, et retourne de suite à son poste.

18. Dans les places où il est d'usage de faire le rapport verbalement, ou de ne le faire qu'après la visite des boîtes et registres, on se conformera à cet usage.

19. Lorsqu'une troupe se présentera pour entrer par une porte, la sentinelle extérieure ayant crié : *haltelà, caporal, venez reconnaître !* celui-ci se portera avec deux factionnaires à trente pas en avant de la barrière et commandera à ses deux fusiliers, *appré ez vos armes ;* et il criera *qui vive ?* Si la troupe répond, *France,* il lui demandera *de quel régiment ?* La troupe ayant répondu, il criera, *halte-là !* Il en instruira le commandant du poste, et ne la laissera avancer qu'après en avoir reçu l'ordre de lui, à moins qu'il ne l'ait eu d'avance.

20. La troupe se remettra en marche ; il fera porter les armes à ses deux fusiliers, et ne rentrera qu'après qu'elle aura passé devant lui.

21. Si la troupe venant à la ville refusait d'arrêter, le caporal, après avoir crié *qui vive,* et trois fois *halte-là,* et s'être assuré qu'un vent contraire ou bruit quelconque n'a pu empêcher la troupe arrivant d'entendre crier sur elle, ferait faire feu dessus, se retirerait derrière la barrière, la fermerait, et se placerait avec les deux fusiliers sur la banquette du chemin couvert.

Caporaux de pose.

22. Le caporal de pose est responsable de la tenue et de l'exactitude des sentinelles, de la propreté de leurs postes, guérites et capotes.

23. La garde étant rendue à son poste et rangée, suivant sa force, sur un, deux ou trois rangs, et ses armes chargés, le caporal de pose numérotera les hommes.

25 Si la garde est sur un rang, il numérotera les hom-

mes en allant de la droite à la gauche. Si elle est sur deux ou trois rangs, il numérotera les hommes de chaque file avant de passer au premier de la suivante. Ainsi, à une garde sur deux rangs, le premier homme de la première file aura n° 1 ; l'homme du second rang de la même file aura n° 2 ; le premier homme de la seconde file, n° 3, et le second de cette file, n°4 ; ainsi de suite Si la garde est sur trois rangs, le premier homme de la première file aura n° 1 ; celui du second rang, n°2 ; celui du troisième n° 3 , le premier homme de la seconde file, n° 4 ; le second, n°5 , et le troisième , n° 6.

25. Il fera ensuite avancer la première pose , la rangera, lui fera porter les armes, et la présentera au commandant de la garde. Celui-ci ayant désigné la place de chacun, le caporal commandera *marche*, et suivra, avec sa pose, le caporal de la vieille garde.

26 Toutes les sentinelles étant placées, et l'ancienne garde ayant défilé, le caporal de pose fera placer les armes dans l'ordre suivant :

Le sergent à la droite,

Les caporaux à la gauche.

Le sergent et les caporaux laisseront un intervalle entre leurs armes et celles des soldats.

Les soldats placeront les leurs suivant leurs numéros, en commençant par la droite.

27. Le caporal de pose appellera, un quart d'heure d'avance, les hommes qui doivent aller en faction ; à l'heure, il les rangera, en fera l'inspection, leur fera porter les armes , et les présentera au commandant de la garde. Il commandera ensuite ; *en avant, marche ;* prendra son arme au bras droit, et les conduira chacun à son poste.

28. S'il y a moins de quatre sentinelles à conduire en faction, il les placera sur un rang ; s'il y en a plus de trois et moins de sept, sur deux, et au-dessus de six, sur trois rangs.

29. Il relèvera d'abord la sentinelle devant les armes ; et elle sera dispensée de le suivre. Il ira ensuite à la sentinelle

la plus éloignée, et relèvera les autres en retournant à son poste.

30. A six pas de la sentinelle qu'il va relever, il commandera *halte* à la petite troupe qui le suit, et ensuite *marche* au fusilier qui va entrer en faction; quand celui-ci sera arrivé à un pas et en face de la sentinelle, le caporal lui commandera *halte*, et puis aux deux fusiliers, *présentez vos armes*. L'ancienne sentinelle donnera la consigne à la nouvelle: puis le caporal commandera *portez vos armes* et *marche*; il répétera le commandement de *marche*, quand le soldat qu'il vient de relever arrivera à la hauteur des hommes qui étaient restés en arrière.

31 Le caporal de pose examinera si les sentinelles qu'il relève n'ont pas mis des pierres ou de la paille dans leurs guérites ou à côté pour s'asseoir, si les fenêtre des guérites ne sont pas bouchées, si les sentinelles n'ont pas laissé faire d'ordures ou de dégradations aux environs de leur poste, et si elles n'ont pas déchiré leurs capotes.

32. Les caporaux de pose feront toujours répéter par chaque sentinelle la sonsigne en entier, afin de s'assurer qu'elle n'en a rien oublié.

33. Le caporal ayant ramené au poste les anciennes sentinelles, il les présentera au commandant de la garde, et lui rendra compte de sa tournée; il lui fera ensuite présenter les armes, faire haut les armes, et rompre les rangs; il tiendra la main à ce que chacun mette son arme à sa place.

34. Une demi-heure après la cloche des portes, le caporal de pose se portera avec deux hommes en avant de la barrière, afin d'examiner les passans.

35. Après la fermeture des portes, il va placer les sentinelles de nuit, et doit redoubler de surveillance et d'activité.

36. Il ira retirer les sentinelles de nuit dès la poinie du jour.

37. Aux postes où il n'y a qu'un caporal, il fait l'ouvrage des caporaux de pose et de consigne.

38. Le commandant de l'avancée doit rendre compte, de deux heures en deux heures, au commandant de la garde de la porte.

39. Un caporal chargé de conduire des hommes pris de vin, ou arrêtés pour une cause quelconque, les fera entourer par quatre fusiliers, et marchera derrière eux, pour les mieux observer.

40. Un caporal envoyé avec quelques hommes à un incendie, en éloignera tous les oisifs, pour qu'ils n'embarrassent pas ceux qui travaillent.

Il fera en sorte d'y maintenir l'ordre, et se retirera à son poste quand les compagnies de grenadiers ou les piquets arriveront.

41. Un caporal commandant un poste, ne devant pas le quitter, enverra un soldat à l'ordre et au rapport. Il pourra se faire aider, pour relever les sentinelles, par le plus ancien fusilier de sa garde; il placera son fusil à la droite : il doit d'ailleurs savoir tout le règlement concernant le service des places.

DES RONDES.

ART. 1ᵉʳ. La sentinelle devant les armes ayant crié *halte-là, caporal, venez reconnaître*, le caporal de consigne du poste se fera accompagner par un fusilier portant un falot, et se portera à la sentinelle, il se placera à la droite, le soldat avec le falot à la gauche, puis le caporal criera *qui vive ?* la ronde ayant répondu *ronde-major*, le caporal, s'il n'est pas chef du poste, criera *halte-là ; chef du poste, venez reconnaître ronde-major*.

Ausssitôt le commandant du poste fera sortir sa garde, la formera dans l'ordre dans lequel elle a été disposée le jour, et se portera de sa personne quatre pas en avant, se faisant suivre par deux fusiliers; les fusiliers apprêteront leurs armes, et il criera *avance à l'ordre !*

Il gardera son schakos, mettra la main sur la poignée de son sabre ou de son épée, donnera le mot d'ordre à l'officier de ronde, et lui rendra compte de ce qu'il y aura de nouveau à son poste.

2. Les rondes de commandant et d'officier supérieur seront reconnues comme les rondes majors, excepté que, pour reconnaître la ronde de commandant, le chef du poste se

portera dix pas en avant, et se fera suivre par quatre fusiliers.

3. Si la ronde major se déclare plusieurs fois dans la même nuit, elle ne sera reconnue la seconde fois et les suivantes, que comme les rondes ordinaires.

4. Si un officier général inspecteur fait une ronde, il sera reçu comme les rondes de commandans.

5. Pour reconnaître une ronde ordinaire, le caporal, suivi d'un soldat avec un falot, étant arrivé à la sentinelle, criera *qui vive?* la ronde lui ayant répondu, il lui criera, *avance qui a l'ordre !* ce qui indique que les rondes ordinaires donnent l'ordre, au lieu de le recevoir.

6. Le caporal de consigne empêchera que les rondes ne laissent sur le registre de l'intervalle entre leurs signatures.

7. Il est défendu au caporal de consigne de porter le falot de la ronde, et d'apporter la boîte hors du corps-de-garde.

8. Une ronde en apercevant une autre, lui criera *qui vive?* la seconde ayant répondu, la première fait à son tour connaître son grade, et celle qui a le grade le plus élevé crie à l'autre, *avance à l'ordre !*

9. Si les deux rondes avaient le même grade, celle du corps dont le numéro serait le plus élevé, donnerait l'ordre.

10. Les caporaux de rondes porteront leur falot. Ils suivront la banquette, afin de s'assurer que les sentinelles ne dorment pas ; ils écouteront de temps en temps, afin d'observer ce qui se passe dans les fossés ou hors de la ville.

11. Les caporaux de rondes donneront l'ordre sans ôter leur schakos, et en mettant la main sur la poignée de leur sabre.

12. Si une ronde remarque quelque chose qui puisse compromettre la sûreté de la place, elle en instruira le poste le plus voisin et le commandant de la place. Si ce qu'elle a observé n'est qu'une affaire de police, elle en instruira également le poste voisin, mais n'en rendra compte que le lendemain au major de la place.

13. Si une ronde trouve une sentinelle en défaut, elle en avertira le commandant du poste.

DES PATROUILLES.

Art. 1er. Les patrouilles seront reconnues aux postes comme les rondes ordinaires, le caporal qui les reconnaîtra ne laissera avancer, pour donner l'ordre, que le commandant de la patrouille, et tiendra le reste aussi éloigné que les localités le permettront.

2. Lorsque deux patrouilles se rencontreront, celle du corps dont le numéro est le moins élevé recevra l'ordre.

DEVOIRS DU SOLDAT DE SERVICE.

Art. 1er. La première occupation d'un soldat qui doit être de service dans la journée, sera de mettre ses armes en état, de nettoyer son fourniment, et d'ajuster de son mieux son habillement.

2. A la formation des postes, il remarquera les officiers et sous-officiers de celui dans lequel il aura été placé, afin de les retrouver promptement après la parade.

3. Dès que l'adjudant aera marqué les postes, chaque soldat se mettra dans le sien, au premier, second ou troisième rang, suivant son rang de taille.

Il prétera attention quand l'adjudant marquera ses peloton, et quand le chef de son peloton marquera les sections.

4. Rendu au poste, il ne s'en éloignera plus sans permission, rangera son arme au râtelier suivant son numéro, qu'il devra se rappeler pendant la durée de sa garde.

5. Avant d'aller en faction, il examinera si la pierre de son fusil est bien assujettie, et il se tiendra prêt, un quart d'heure d'avance, pour ne pas se faire appeler deux fois.

6. Quand le caporal le mènera en faction, il le suivera au pas, et portant bien son arme; il écoutera sa consigne avec attention.

7. La sentinelle qui entre en faction, se placera face à face à celle qu'elle relève.

8. Arrivée en faction, elle se tiendra sur ses gardes, veillera à tout ce qu'on lui aura recommandé, observera strictement toute sa consigne, et ne s'éloignera dans aucun sens à plus de vingt pas de son poste.

9. Il est défendu à toute sentinelle de chanter, fumer, de s'asseoir, de parler à qui que ce soit sans nécessité, et de recevoir de l'argent; il lui est aussi défendu de ramasser des pierres ou de la paille pour s'y asseoir, et de boucher les fenêtres de sa guérite.

10. Une sentinelle ne quittera son poste sous aucun prétexte.

11. Elle ne se laissera relever ou donner de nouvelle consigne que par le caporal qui l'aura posée.

Elle ne se laissera arrêter que par ordre du commandant de la garde.

12. Une sentinelle ne doit, dans aucun cas, crier *alerte* ni *arrête;* elle fera parvenir l'avis de ce qui se passe à son poste par les sentinelles intermédiaires, et en criant, suivant les circonstances, *à la garde* ou *au feu*.

13. Dès qu'une sentinelle apercevra un incendie, elle en avertira son poste.

14, Une sentinelle empêchera les disputes; elle en arrêtera les auteurs; et appellera le caporal de la garde.

15. S'il y a quelque querelle dans le voisinage d'une sentinelle, celle-ci se mettra en état de se défendre, criera *à la garde*, et se maintiendra à son poste, à quelque prix que ce soit.

16. Une sentinelle présentera les armes aux autorités constituées en corps et en costume, aux généraux, commandans de place, et aux supérieurs de son corps.

Elle portera les armes à tous les autres officiers et aux membres des autorités constituées, décorés de leurs marques distinctives; elle portera les armes quand et pendant tout le temps qu'une troupe passera devant elle.

17. Une sentinelle prendra la position du salut qu'elle doit rendre, lorsque la personne à qui elle le rend est arrivée à dix pas d'elle, et restera dans cette position jusqu'à ce qu'elle en soit dépassée de dix pas.

Elle observera d'avoir la tête tournée du côté d'où vient la personne qu'elle salue.

18. Les sentinelles extérieures et celles postées sur les remparts feront face en dehors, pour le salut.

Les sentinelles, dans l'intérieur de la ville, se placeront à côté de leur guérite.

19. Il sera libre à toute sentinelle d'avoir l'arme au bras, au pied ou sous le bras, dans le temps de pluie.

20. Lorsqu'une sentinelle est retenue dans sa guérite par le mauvais temps, son salut se bornera à y rester fixe, ayant l'arme au pied.

21. Pendant la nuit, les sentinelles ne rendront plus d'honneurs qu'aux rondes et aux patrouilles. Elles doivent cependant faire face aux officiers, en prenant la position régulière de l'arme au bras.

22. C'est surtout la nuit que les sentinelles doivent être sur leurs gardes, veiller à la sûreté de leur poste, au bon ordre et à la tranquillité publique.

23. La nuit, les sentinelles ne se laisseront approcher par personne; elles feront passer les allans et venans du côté de la rue opposé à celui où elles sont posées.

24. Dans les nuits pluvieuses, les sentinelles pourront être dans leurs guérites, mais elles en sortiront pour les rondes et les patrouilles, et toutes les fois que des hommes armés approcheront d'elles.

25. La nuit, les sentinelles crieront d'une voix forte : *Qui vive?* à tous ceux qu'elles verront venir, et elles ne laisseront passer personne sans que l'on ait répondu de manière à se faire connaître. Lorsqu'une sentinelle aura crié trois fois *qui vive*, et que l'on continuera cependant de s'approcher d'elle sans répondre, elle criera *halte-là*, et avertira qu'elle va tirer. Si, malgré cet avertissement, on continue de s'avancer, elle tirera et appellera *à la garde;* elle devra toutefois faire attention si quelque bruit ou vent contraire n'empêche pas la personne qui arrive d'entendre sa voix.

26. Dès la pointe du jour, les sentinelles rendront les honneurs à qui elles en doivent.

27 La sentinelle devant les armes n'en laissera approcher aucun étranger.

28. Elle criera *hors la garde*, pour faire sortir la garde sans armes, et *aux armes*, quand la garde devra prendre les armes

29. Toutes les fois qu'une troupe ou rassemblement de personnes s'approchera du corps-de-garde, la sentinelle devant les armes en avertira le commandant de la garde; si cette troupe est armée, la sentinelle criera *aux armes*.

30. La sentinelle devant les armes, voyant venir une ronde ou patrouille, criera *halte-là, caporal, venez reconnaître*, elle fera *haut les armes*, et empêchera la ronde ou patrouille d'avancer, avant d'avoir été reconnue.

31. Les sentinelles isolées reconnaîtront les rondes et les patrouilles, de même que celles devant les armes, mais sans les faire arrêter, et elles leur rendront compte s'il y a quelque chose ou s'il n'y a rien de nouveau à leur poste.

32. Les sentinelles sur les remparts ne laisseront monter sur les parapets que les généraux, l'état-major de la place, et les officiers du génie et de l'artillerie.

33. La nuit, elles ne laisseront passer sur les remparts que les rondes et les patrouilles.

34. Les sentinelles aux arsenaux, magasins à poudre et autres établissemens militaires, n'y laisseront entrer personne sans qu'un des caporaux du poste ne vienne leur en donner l'ordre.

35. Les sentinelles aux portes de la ville veilleront à ce que les ponts ne soient jamais embarrassés ; pour cet effet, lorsqu'une voiture se présentera pour entrer, la sentinelle de la barrière ou de l'avancée criera *arrête là-bas*, et la fera attendre jusqu'à ce que la sentinelle de la porte de la place ait répondu *marche*. Cette dernière en fera autant, si des voitures se présentent pour sortir.

36. Elles empêcheront les voitures et les gens à cheval d'arrêter, de trotter ou de galopper sur les ponts.

37. Elles feront ranger en files les voitures arrêtées à l'une des extrémités de la porte.

38. Si une voiture vient à casser a la sortie, elles en préviendront le commandant de la garde.

39. Elles ne laisseront passer aucun soldat sans l'ordre du commandant de la garde.

40. Dès que la sentinelle de la barrière ou de l'avancée

découvrira une troupe, elle criera : *aux armes ! caporal, venez reconnaître !* et lorsqu'elle pourra se faire entendre de la troupe, elle lui criera : *halte-là.*

41. Si cette troupe refusait d'arrêter jusqu'à l'arrivée du caporal, la sentinelle, après avoir crié trois fois *halte-là*, tirerait dessus, se retirerait derrière la barrière et la fermerait, en observant, toutefois, s'il n'y a pas d'obstacle à ce qu'elle soit entendue.

42. Les hommes que le sort aura désignés pour aller au bois et à la chandelle, y iront en bonnets de police et en vestes, si elles sont à manches; mais ils garderont leurs gibernes pour faire voir qu'ils sont de service.

43. Un soldat chargé de conduire des étrangers au corps-de-garde de la place, portera l'arme au bras droit et fera marcher devant lui les hommes qu'il escorte.

44. Un soldat envoyé à l'ordre, ira à la place d'armes, portant l'arme au bras droit, et recevra l'ordre dans le cercle; de retour au poste, il mettra l'arme au pied, portera la main gauche au schakos, et donnera l'ordre à voix basse au caporal.

45. Il n'écrira pas le mot d'ordre, et ne le donnera qu'au commandant de sa garde.

46. Un soldat envoyé à un rapport, portera l'arme au bras droit, s'arrêtera à deux pas de la personne à laquelle il est envoyé, présentera les armes, et lui fera son rapport; s'il y a quelque chose par écrit à lui remettre, il le donnera de la main droite, tenant son arme présentée dans la main gauche. Son rapport fait, il reportera son arme au bras droit, fera demitour à droite et retournera à son poste.

47. Si un soldat envoyé à l'ordre ou au rapport, rencontre un officier, il redressera son arme et passera sans s'arrêter.

48. Les deux soldats chargés d'escorter le concierge pour chercher les clefs, le feront marcher entre eux, et porteront l'arme au bras.

LOI

SUR LA

GARDE NATIONALE.

TITRE PREMIER.

Dispositions générales.

Art. 1. La garde nationale est instituée pour défendre la royauté constitutionnelle, la Charte et les droits qu'elle a consacrés, pour maintenir l'obéissance aux loix, conserver ou rétablir l'ordre et la paix publique, seconder l'armée de ligne dans la défense des frontières et des côtes, assurer l'indépendance de la France et l'intégrité de son territoire.

Toute délibération prise par la garde nationale sur les affaires de l'État, du département et de la commune, est une atteinte à la liberté publique et un délit contre la chose publique et la constitution.

2. La garde nationale est composée de tous les Français, sauf les exceptions ci-après.

3. Le service de la garde nationale consiste :

1° En service ordinaire dans l'intérieur de la commune;

2° En service de détachement hors du territoire de la commune;

3° En service de corps détachés pour seconder l'armée de ligne dans les limites fixées par l'article premier.

4. Les gardes nationales seront organisées dans tout le royaume; elles le seront par communes.

Les compagnies communales d'un canton seront formées en bataillons cantonnaux lorsqu'une ordonnance du Roi l'aura prescrit.

7

5. Cette organisation sera permanente; toutefois, le Roi pourra suspendre ou dissoudre la garde nationale en des lieux déterminés.

Dans ces deux cas, la garde nationale sera remise en activité ou réorganisée dans l'année qui s'écoulera, à compter du jour de la suspension ou de la dissolution, s'il n'est pas intervenu une loi qui prolonge ce délai.

Dans le cas où la garde nationale résisterait aux réquisitions légales des autorités, ou bien s'immiscerait dans les actes des autorités municipales, administratives ou judiciaires, le préfet pourra provisoirement la suspendre.

Cette suspension n'aura d'effet que pendant deux mois, si pendant cet espace de temps elle n'est pas maintenue, ou si la dissolution n'est pas prononcée par le Roi.

6. Les gardes nationales sont placées sous l'autorité des maires, des sous-préfets, des préfets et du ministre de l'intérieur.

Lorsque la garde nationale sera réunie, en tout ou en partie, au chef-lieu du canton, elle sera sous l'autorité du maire de la commune où sa réunion aura lieu d'après les ordres du sous-préfet ou du préfet.

Sont exceptés les cas déterminés par les lois où les gardes nationales sont appelées à faire, dans leur commune ou leur canton, un service d'activité militaire, et sont mises, par l'autorité civile, sous les ordres de l'autorité militaire.

7. Les citoyens ne pourront ni prendre les armes, ni se rassembler en état de gardes nationales, sans l'ordre des chefs immédiats, ni ceux-ci l'ordonner sans une réquisition de l'autorité civile, dont il sera donné communication à la tête de la troupe.

8. Aucun officier ou commandant de poste de la garde nationale ne pourra faire distribuer des cartouches aux citoyens armés si ce n'est en cas de réquisition précise; autrement il demeurera responsable des événemens.

TITRE II.

Section première. — *De l'Obligation du Service.*

9. Tous les Français, âgés de vingt à soixante ans, sont appelés au service de la garde nationale, dans le lieu de leur domicile réel. Ce service est obligatoire et personnel, sauf les exceptions qui seront établies ci-après.

10. Pourront être appelés à faire le service les étrangers admis à la jouissance des droits civils, conformément à l'article 13 du Code civil, lorsqu'ils auront en France une propriété, ou qu'ils y auront formé un établissement.

11. Le service de la garde nationale est incompatible avec les fonctions des magistrats qui ont le droit de requérir la force publique.

12. Ne seront pas appelés à ce service :

1°. Les ecclésiastiques engagés dans les ordres, les ministres des différens cultes, les élèves des grands séminaires et des facultés de théologie ;

2°. Les militaires des armées de terre et de mer en activité de service ; ceux qui auront reçu une destination des ministres de la guerre ou de la marine ; les administrateurs ou agens commissionnés des services de terre et de mer également en activité ; les ouvriers des ports, des arsenaux et des manufactures d'armes organisés militairement ; ne sont pas compris dans cette dispense les commis et employés des bureaux de la marine au dessous du grade de sous-commissaire ;

3°. Les officiers, sous-officiers et soldats des gardes municipales et autres corps soldés.

4°. Les préposés des services actifs des douanes, des octrois, des administrations sanitaires, les gardes champêtres et forestiers.

13. Sont exemptés du service de la garde nationale les concierges des maisons d'arrêt, les geoliers, les guichetiers et autres agens subalternes de justice ou de police.

Le service de la garde nationale est interdit aux individus privés de l'exercice des droits civils conformément aux lois.

Sont exclus de la garde nationale :

1°. Les condamnés à des peines afflictives ou infamantes;

2°. Les condamnés en police correctionnelle pour vol, escroquerie, pour banqueroute simple, abus de confiance, pour soustraction commise par des dépositaires publics, et pour attentats aux mœurs, prévus par les articles 331 et 334 du Code pénal ;

3°. Les vagabonds ou gens sans aveu déclarés tels par jugemens.

SECTION II. — *De l'inscription au registre matricule.*

14. Les Français appelés au service de la garde nationale seront inscrits sur un registre matricule établi dans chaque commune.

A cet effet, des listes de recensement seront dressées par le maire, révisées par un conseil de recensement, comme il est dit ci-après.

Ces listes seront déposées au secrétariat de la mairie; les citoyens seront avertis qu'ils peuvent en prendre connaissance.

15. Il y aura au moins un conseil de recensement par commune; dans les communes rurales et dans les villes qui ne forment pas plus d'un canton, le conseil municipal, présidé par le maire, remplira les fonctions du conseil de recensement.

Dans les villes qui renferment plusieurs cantons, le conseil municipal pourra s'adjoindre un certain nombre de personnes choisies à nombre égal, dans les divers quartiers, parmi les citoyens qui sont ou qui seront appelés à faire le service de la garde nationale.

Le conseil municipal et les membres adjoints pourront se subdiviser, suivant les besoins, en autant de conseils de recensement qu'il y aura d'arrondissemens.

Dans ce cas, l'un des conseils sera présidé par le maire : chacun des autres le sera par l'adjoint ou le membre du conseil municipal délégué par le maire.

(113)

Ces conseils seront composés de huit membres au moins.

A Paris, il y aura, par arrondissement, un conseil de recensement présidé par le maire de l'arrondissement, et composé de huit membres choisis par lui, comme il est dit au troisième paragraphe de cet article.

16. Le conseil de recensement procédera immédiatement à la révision des listes et à l'établissement du registre matricule.

17. Au mois de janvier de chaque année, le conseil de recensement inscrira au registre matricule les jeunes gens qui seront entrés dans leur vingtième année pendant le cours de l'année précédente, ainsi que les Français qui auront nouvellement acquis leur domicile dans la commune : il rayera dudit registre les Français qui seront entrés dans leur soixantième année pendant le cours de la même année. ceux qui auront changé de domicile et les décédés. Toutefois, le service ne sera pas exigé avant l'âge de 20 ans accomplis.

18. Dans le courant de chaque année, le maire notera, en marge du registre matricule, les mutations provenant : 1° des décès ; 2° des changemens de résidence ; 3° des actes en vertu desquels les personnes désignées dans les articles 11, 12 et 13 auraient cessé d'être soumises au service de la garde nationale ou en seraient exclues.

Le conseil de recensement, sur le vu des pièces justificatives, prononcera, s'il y a lieu, la radiation.

Le registre matricule, déposé au secrétariat de la mairie, sera communiqué à tout habitant de la commune qui en fera la demande au maire.

TITRE III. — *Du Service ordinaire.*

SECTION PREMIÈRE. — *De L'inscription au contrôle du Service ordinaire et de Réserve.*

19. Après avoir établi le registre matricule, le conseil de recensement procédera à la formation du contrôle du service ordinaire et du contrôle de réserve.

Le contrôle du service ordinaire comprendra tous les citoyens que le conseil de recensement jugera pouvoir concourir au service habituel.

Néanmoins, parmi les Français inscrits sur le registre-
matricle, ne pourront être portés sur le contrôle du service ordinaire que ceux qui sont imposés à la contribution
personnelle, et leurs enfans, lorsqu'ils auront l'âge fixé par
la loi, ou les gardes nationaux non imposés à la contribution personnelle mais qui ayant fait le service postérieurement au 1er août dernier, voudront le continuer.

Le contrôle de réserve comprendra tous les citoyens
pour lesquels le service habituel serait une charge trop
onéreuse, et qui ne devront être requis que dans les
circonstances extraordinaires.

20 Ne seront pas portés sur les contrôles du service ordinaire les domestiques attachés au service de la personne.

21. Les compagnies et subdivisions de compagnies sont
formées sur les contrôles du service ordinaire. Les citoyens inscrits sur les contrôles de réserve seront répartis à la suite desdites compagnies ou subdivisions de
compagnie, de manière à pouvoir y être incorporés au
besoin.

22. Les inscriptions et les radiations à faire sur les
contrôles, auront lieu d'après les règles suivies pour les inscriptions et radiations opérées sur les registres matricules.

23. Il sera formé, à la diligence du juge de paix,
dans chaque canton, un jury de révision, composé du
juge de paix président, et de douze jurés désignés par
le sort, sur la liste de tous les officiers, sous - officiers
des gardes nationales du canton, âgés de plus de 25 ans.

Il sera dressé une liste par commune, des officiers,
sous-officiers, caporaux et gardes nationaux ainsi désignés :
le tirage définitif des jurés sera fait sur l'ensemble de
ces listes pour tout le canton.

24. Le tirage des jurés sera fait par le juge de paix,
en audience publique. Les fonctions de jurés et celle de

membre du conseil de recensement sont imcompatibles.

Les jurés seront renouvellés tous les six mois.

25. Ce jury prononcera sur les réclamations relatives :

1. A l'inscription ou à la radiation sur les registres matricules, ainsi qu'il est dit article 14 ;

2. A l'inscription ou à l'omission sur le contrôle du service ordinaire.

Seront admises les réclamations des tiers gardes nationaux, sur qui retomberait la charge du service.

Ce jury exercera en outre les atributions qui lui seront spécialement confiées par les dispositions subséquentes dé la présente loi.

26. Le jury ne pourra prononcer qu'au nombre de sept membres, y compris le président.

Ses décisions seront prises à la majorité absolue et ne seront susceptibles d'aucun recours.

SECTION II.—*Des remplacemens, des exemptions, des dispenses du service ordinaire.*

27. Le service de la garde nationale étant obligatoire et personnel le remplacement est interdit pour le service ordinaire, si ce n'est entre les proches parens, savoir : du père par le fils, du frère par le frère, de l'oncle par le neveu, et réciproquement, ainsi qu'entre alliés aux mêmes dégrés, à quelque compagnie ou bataillon qu'appartiennent les parens et les alliés.

Les gardes la nationaux de même compagnie qui ne sont ni parensgrés ni alliés aux de ci-dessus désignés pourront seulement échanger leur tour de service.

28. Peuvent se dispenser du service de la garde nationale, nonobstant leur inscription :

1. Les membres des deux chambres ;

2 Les membres des cours et tribunaux :

3. Les anciens militaires qui ont cinquante ans d'âge et vingt années de service ;

4. Les gardes nationaux ayant cinquante cinq ans ;

5. Les facteurs de postes au lettres, les agens des lignes

télégraphiques, et les postillons de l'administration des postes reconnus nécessaires au service.

29. Sont dispensés du service ordinaire les personnes qu'une infirmité met hors d'état de faire le service.

Toutes ces dispenses et toutes les dispenses temporaires demandées pour cause d'un service public, seront prononcées par le conseil de recensement, sur le vu des pièces qui en constateront la nécessité.

Les absences constatées seront un motif de dispense temporaire.

En cas d'appel, le jury de révison statuera.

SECTION III.—*Formation de la garde nationale : composition des cadres.*

30. La garde nationale sera formée, dans chaque commune, par sudivisions de compagnie, par compagnies, par bataillons et par légions.

La cavalerie de la garde nationale sera formée, dans chaque commune ou dans le canton, par subdivision d'éscadron et par escadron.

Chaque bataillon aura son drapeau et chaque escadron son étendard.

31. Dans chaque commune, la formation en compagnie se fera de la manière suivante :

Dans les villes, chaque compagnie sera composée, autant que possible, des gardes nationaux du même quartier. Dans les communes rurales, les gardes nationaux de la même commune forment une ou plusieurs compagnies ou une subdivision de compagnie.

32. La répartition en compagnies ou subdivisions de compagnies des gardes nationaux inscrits sur le contrôle du service ordinaire, sera faite par le conseil de recensement.

§ Ier. *Formation des compagnies.*

33. Il y aura par subdivision de compagnies de gardes nationaux à pied de toutes armes :

NOMBRE TOTAL D'HOMMES

	Jusqu'à 14.	De 15 à 20.	De 20 à 30.	De 30 à 40.	De 40 à 50.
Lieutenans	»	»	«	1	1
Sous-lieutenant	»	1	1	1	1
Sergens	1	1	2	2	3
Caporaux , ...	1	2	4	4	6
Tambours.	»	»	»	1.	1

34. La force ordinaire des compagnies sera de 60 à 200 hommes ; néanmoins, la commune qui n'aura que 50 à 60 gardes nationaux formera une compagnie.

35. Il y aura par compagnie de gardes nationales à pied de toutes armes :

NOMBRE TOTAL D'HOMMES.

	De 50 à 80.	De 80 à 100.	De 100 à 140.	De 140 à 200.
Capitaine en premier	1	1	1	1
Capitaine en second.	»	»	»	1
Lieutenans.	1	1	2	2
Sous-lieutenans.	1	2	2	2
Sergent-major.	1	1	1	1
Sergent-fourrier.	1	1	1	1
Sergens	4	6	6	8
Caporaux	8	12	12	16
Tambours.	1	2	2	2

36. Il pourra être formé une garde à cheval dans les cantons ou communes où cette formation sera jugée utile au service, et où se trouveraient au moins dix gardes nationaux qui s'engageraient à s'équiper à leurs frais et à entretenir chacun un cheval

37. Il y aura par subdivision d'escadron et par escadron :

NOMBRE TOTAL D'HOMMES.

	Jusqu'à 17.	De 17 à 30.	De 30 à 40.	De 40 à 50.	De 50 à 70.	De 70 à 100.	De 100 à 120 et au-dessus.
Capitaine en premier	»	»	»	»	»	1	1
Capitaine en second	»	»	»	»	»	»	1
Lieutenans	»	»	1	1	1	2	2
Sous-lieutenans	»	1	1	1	2	2	2
Maréchal-des-logis-chef	»	»	»	»	»	1	1
Fourrier	»	»	»	»	»	1	1
Maréchaux-des-logis	1	2	2	3	4	4	8
Brigadiers	2	4	4	6	8	8	16
Trompettes	»	»	1	1	1	1	2

38. Dans toutes les places de guerre et dans les cantons voisins des côtes, il sera formé des compagnies ou des subdivisions de compagnies d'artillerie. A Paris, et dans les autres villes, une ordonnance du Roi pourra prescrire la formation et l'armement de compagnies ou de subdivisions de compagnies d'artillerie. L'ordonnance réglera l'organisation, la réunion ou la répartition des compagnies.

39. Les artilleurs seront choisis, par le conseil de recensement, parmi les gardes nationaux qui se présenteraient volontairement, et qui réuniraient, autant que possible, les qualités exigées pour entrer dans l'artillerie.

40. Partout où il n'existe pas de corps soldés de sapeurs-pompiers, il sera, autant que possible, formé par le conseil de recensement, des compagnies ou subdivisions de compagnies de sapeurs-pompiers volontaires, faisant partie de la garde nationale.

Elles seront composées principalement d'anciens officiers et soldats du génie militaire, d'officiers et agens des ponts et chaussées et des mines, d'ouvriers d'art.

41. Dans les ports de commerce et dans les cantons maritimes, il pourra être formé des compagnies spéciales de marins, ayant pour service ordinaire la protection des navires et du matériel maritime situés sur les côtes et dans les ports.

42. Toutes les compagnies spéciales concourront par armes et suivant leur force numérique au service ordinaire de la garde nationale.

§. III.—*Formation des bataillons.*

43. Le bataillon sera formé de quatre compagnies au moins et de huit au plus.

44, L'état-major du bataillon sera composé :

D'un chef de bataillon, d'un adjudant-major capitaine, d'un porte-drapeau sous-lieutenant, d'un chirurgien aide-major, d'un adjudant-sous-officier, d'un tambour-maître.

A Paris, lorsque la force effective d'un bataillon sera de mille hommes et plus, il pourra y avoir un chef de bataillon en second et un deuxième adjudant-sous-officier.

45. Dans toutes les communes ou le nombre des gardes nationaux inscrits sur les contrôles du service ordinaire s'élevera à plus de cinq cents hommes, la garde nationale sera formée par bataillon.

Lorsque, dans le cas prévu par l'article 4, une ordonnance du Roi aura prescrit la formation en bataillons de gardes nationales de plusieurs communes, cette ordonnance indiquera les communes dont les gardes nationales doivent participer à la formation du même bataillon.

La compagnie ou les compagnies d'une commune ne pourront jamais être réparties dans des bataillons différens.

46. Les bataillons formés par les gardes nationales d'une même commune pourront seuls avoir chacun, une compagnie de grenadiers et une compagnie de voltigeurs.

47, Les compagnies de sapeurs-pompiers et de canonniers volontaires ne seront pas comprises dans la formation des bataillons de la garde nationale; elles seront cependant ainsi que les compagnies de cavalerie, sous les ordres du commandant de la garde communale ou cantonnale.

§ 3. — *Formation des légions.*

48 Dans les cantons et dans les villes où la garde nationale présente au moins deux bataillons de cinq cents hommes chacun, elle pourra, d'après une ordonnance du roi, être réunie par légions ;

Dans aucun cas, la garde nationale ne pourra être formée par département ni par arrondissement de sous préfecture.

49 L'état-major d'une légion sera composé :

D'un chef de légion colonel ,

D'un lieutenant-colonel ,

D'un major chef de bataillon ,

D'un chirurgien-major,

D'un tambour-major.

A Paris et dans les villes où la nécessité en sera reconnue, il pourra y avoir près des légions un officier payeur et un capitaine d'armement.

Section IV. — *De la nomination aux grades.*

50 Dans chaque commune, lés gardes nationaux appelés à former une compagnie ou subdivision de compagnie, se réuniront sans armes et sans uniforme pour procéder, en présence du président du conseil de recensement, assisté par les deux membres les plus âgés de ce conseil, à la nomination de leurs officiers, sous-officiers et caporaux, suivant les tableaux des articles 33, 35 et 37.

Si plusieurs communes sont appelées à former une compagnie, les gardes nationaux de ces communes se réuniront dans la commune la plus populeuse pour nommer leur capitaine, leur sergent-major et leur fourrier.

51 L'élection des officiers aura lieu pour chaque grade successivement, en commençant par le plus élevé, au scrutin individuel et secret, à la majorité absolue des suffrages.

Les sous-officiers et caporaux seront nommés à la majorité relative.

Le scrutin sera dépouillé par le président du conseil de

recensement, assisté, comme il est dit dans l'article précédent, par au moins deux membres de ce conseil, lesquels rempliront les fonctions de scrutateur.

5ᵈ Dans les villes et communes qui ont plus d'une compagnie, chaque compagnie sera appelée séparément et tour à tour pour procéder à ses élections.

53 Pour nommer le chef de bataillon et le portedrapeau, tous les officiers du bataillon réunis à pareil nombre de sous-officiers, caporaux ou gardes nationaux, formeront une assemblée convoquée et présidée par le maire de la commune, si le bataillon est communal, et par le maire délégué du sous-préfet, si le bataillon est cantonnal.

Les sous-officiers, caporaux et gardes nationaux chargés de concourir à l'élection, seront nommés dans chaque compagnie.

Tous les scrutins d'élection seront individuels et secrets; il faudra la majorité absolue des suffrages.

54 Les réclamations élevées relativement à l'inobservation des formes prescrites pour l'élection des officiers et sous-officiers, seront portées devant le jury de révision qui décidera sans recours.

55 Si les officiers de tout grade, élus conformément à la loi, ne sont pas, au bout de deux mois, complètement armés, équipés et habillés suivant l'uniforme, ils seront considérés comme démissionnaires et remplacés sans délai.

56 Les chefs de légion et les lieutenans-colonels seront choisis par le roi, sur une liste de dix candidats, présentés à la majorité relative, par la réunion : 1° de tous les officiers de la légion ; 2° de tous les sous-officiers, caporaux et gardes nationaux désignés dans chacun des bataillons de la légion, pour concourir aux choix du chef de bataillon, comme il est dit article 53.

57 Les majors, les adjudans-majors, chirurgiens-majors et aides-majors seront nommés par le roi.

L'adjudant sous-officier sera nommé par le chef de légion ou de bataillon.

Le capitaine d'armement et l'officier payeur seront nommés par le commandant supérieur ou le préfet sur la présentation du chef de légion.

58 Il sera nommé aux emplois autres que ceux désignés ci-dessus, sur la présentation du chef de corps, savoir :

Par le maire, lorsque la garde nationale sera communale,

Et par le sous-préfet pour les bataillons cantonnaux.

59 Dans chaque commune, le maire fera reconnaître à la garde nationale assemblée sous les armes le commandant de cette garde. Celui-ci, en présence du maire, fera reconnaître les officiers.

Les fonctions du maire seront remplies à Paris, par le préfet.

Pour les bataillons et compagnies qui comprennent plusieurs communes, le sous-préfet ou son délégué fera reconnaître l'officier commandant, en présence de la compagnie ou du bataillon assemblé.

Dans le mois de la promulgation de la loi, les officiers de tout grade, actuellement en fonctions, et à l'avenir ceux nouvellement élus au moment où ils seront reconnus, prêteront serment de fidélité au roi des Français et d'obéissance à la Charte constitutionnelle et aux lois du royaume.

60 Les officiers, sous-officiers et caporaux seront élus pour trois ans. Ils pourront être réélus.

61 Sur l'avis du maire et du sous-préfet, tout officier de la garde nationale pourra être suspendu de ses fonctions pendant deux mois, par arrêté motivé du préfet pris en conseil de préfecture, l'officier préalablement entendu dans ses observations.

L'arrêté du préfet sera transmis immédiatement par lui au ministre de l'intérieur.

Sur le rapport du ministre, la suspension pourra être prolongée par une ordonnance du roi.

Si, dans le cours de l'année, ledit officier n'a pas été rendu à ses fonctions, il sera procédé à une nouvelle élection.

62 Aussitôt qu'un emploi quelconque deviendra vacant, il sera pourvu au remplacement, suivant les formes établies par la présente loi.

63 Les corps spéciaux suivront, pour leur formation et pour l'élection de leurs officiers, sous-officiers et caporaux, les règles prescrites par les articles 33 et suivans.

64 Dans les communes où la garde nationale formera plusieurs légions, le roi pourra nommer un commandant supérieur; mais il ne pourra être nommé de commandant supérieur des gardes nationales de tout un département, ou d'un même arrondissement de sous-préfecture.

Cette disposition n'est pas applicable au département de la Seine.

65 Lorsque le roi aura jugé à propos de nommer dans une commune un commandant supérieur, l'état-major sera fixé, quant au nombre et aux grades des officiers qui devront le composer, par une ordonnance du roi.

Les officiers d'état-major seront nommés par le roi, sur la présentation du commandant supérieur, qui ne pourra choisir les candidats que parmi les gardes nationaux de la commune.

66 Il ne pourra y avoir dans la garde nationale aucun grade sans emploi.

67 Aucun officier exerçant un emploi actif dans les armées de terre et de mer, ne pourra être nommé officier ni commandant supérieur des gardes nationaux en service ordinaire.

Section V. — *De l'uniforme , des armes et des préséances.*

68 L'uniforme des gardes nationales sera déterminé par une ordonnance du roi : les signes distinctifs des grades seront les mêmes que ceux de l'armée.

69 Lorsque le gouvernement jugera nécessaire de délivrer des armes de guerre aux gardes nationales, le nombre d'armes reçu sera constaté dans chaque municipalité, au moyen d'états émargés par les gardes nationaux, à l'instant où les armes leur seront délivrées.

L'entretien de l'armement est à la charge du garde national, et les réparations, en cas d'accident causé par le service, sont à la charge de la commune.

Les gardes nationaux et les communes sont responsables des armes qui leur auront été délivrées; ces armes restent la propriété de l'état.

Les armes seront poinçonnées et numérotées.

70 Les diverses armes dont se compose la garde nationale sont assimilées, pour le rang à conserver entre elles, aux armes correspondantes des forces régulières.

71 Toutes les fois que la garde nationale sera réunie, les différens corps prendront la place qui leur sera assignée par le commandant supérieur.

72 Dans tous les cas où les gardes nationales serviront avec les corps soldés, elles prendront le rang sur eux.

Le commandement dans les fêtes ou cérémonies civiles appartiendra à celui des officiers de divers corps qui aura la supériorité du grade, ou, à grade égal, à celui qui sera le plus ancien.

Section VI. — *Ordre du service ordinaire.*

73 Le réglement relatif au service ordinaire, aux revues et aux exercices, sera arrêté par le maire, sur la proposition du commandant de la garde nationale, et approuvé par le sous-préfet.

Les chefs pourront, en se conformant à ce règlement et sans réquisition particulière, mais après en avoir prévenu l'autorité municipale, faire toutes les dispositions et donner tous les ordres relatifs au service ordinaire, aux revues et aux exercices.

Dans les villes de guerre, la garde nationale ne pourra prendre les armes ni sortir des barrières, qu'après que le maire en aura informé par écrit, le commandant de la place.

74 Lorsque la garde nationale des communes sera organisée en bataillons cantonnaux, le règlement sur les exercices et revues sera arrêté par le sous-préfet, sur la proposition de l'officier le plus élevé en grade du canton, et sur l'avis des maires des communes.

75 Le préfet pourra suspendre les revues et exercices

dans les communes et dans les cantons de son département, à la charge d'en rendre immédiatement compte au ministre de l'intérieur.

76 Pour l'ordre du service, il sera dressé par les sergens-majors un contrôle de chaque compagnie, signé du capitaine, et indiquant les jours où chaque garde national aura fait un service.

77 Dans les communes où la garde nationale est organisée par bataillon, l'adjudant-major tiendra un état, par compagnie, des hommes commandés chaque jour, dans son bataillon.

Cet état servira à contrôler le rôle de chaque compagnie.

78 Tout garde national commandé pour le service, devra obéir, sauf à réclamer, s'il s'y croit fondé, devant le chef du corps.

Section VII. — *De l'administration.*

79 La garde nationale est placée, pour son administration et sa comptabilité, sous l'autorité administrative et municipale.

Les dépense de la garde nationale sont votées, réglées et surveillées comme toutes les autres dépenses municipales.

80 Il y aura dans chaque légion ou dans chaque bataillon formé par les gardes nationaux d'une même commune, un conseil d'administration chargé de présenter annuellement au maire l'état des dépenses nécessaires, et de viser les pièces justificatives de l'emploi fait des fonds.

Le conseil sera composé du commandant de la garde nationale, qui présidera, et de six membres choisis parmi les officiers, sous-officiers et gardes nationaux.

Il y aura également, par bataillon cantonnal, un conseil d'administration chargé des mêmes fonctions, et qui devra présenter au sous-préfet l'état des dépenses résultant de la formation du bataillon.

Les membres du conseil d'administration seront nommés par le préfet, sur une liste triple de candidats présentés par le chef de légion ou par le chef de bataillon dans les communes où il n'est pas formé de légion.

Dans les communes où la garde nationale comprendra une ou plusieurs compagnies non réunies en bataillon, l'état des dépenses sera soumis au maire par le commandant de la garde nationale.

81 Les dépenses ordinaires de la garde nationale sont :

1° Les frais d'achat des drapeaux, des tambours et des trompettes;

2° La partie d'entretien des armes qui ne sera pas à la charge individuelle des gardes nationaux;

3° Les frais de registres, papiers, contrôles, billets de garde, et tous les menus frais de bureau qu'exigera le service de la garde nationale.

Les dépenses extraordinaires sont :

1. Dans les villes qui, d'après l'article 64, recevront un commandant supérieur, les frais d'indemnités pour dépenses indispensables de ce commandant et de son état-major;

2. Dans les communes et les cantons où seront formés des bataillons ou légions, les appointemens des majors et adjudans-majors et adjudans sous-officiers, si ces fonctions ne peuvent pas être exercées gratuitement;

3. L'habillement et la solde des tambours et trompettes;

Les conseils municipaux jugeront de la nécessité de ces dépenses.

Lorsqu'il sera créé des bataillons cantonnaux, la répartition de la portion afférente à chaque commune du canton, dans les dépenses du bataillon, autres que celles des compagnies, sera faite par le préfet en conseil de préfecture, après avoir pris l'avis des conseils municipaux.

SECTION VIII. — § Ier. *Des peines.*

82. Les chefs de poste pourront employer contre les gardes nationaux de service les moyens de répressions qui suivent:

Une faction hors de tour contre tout garde national

qui aura manqué à l'appel ou se sera absenté du poste sans autorisation ;

2. La détention dans la prison du poste, jusqu'à la relevée de la garde, contre tout garde national de service en état d'ivresse, ou qui se sera rendu coupable de bruit, tapage, voies de fait, ou de provocation au désordre ou à la violence, sans préjudice du renvoi au conseil de discipline si la faute emporte une punition plus grave.

83. Sur l'ordre du chef du corps, indépendamment du service régulièrement commandé, et que le garde national, le caporal ou le sous-officier, doit accomplir, il sera tenu de monter une garde hors de tour lorsqu'il aura manqué pour la première fois au service.

84. Les conseils de discipline pourront, dans les cas énumérés ci-après, infliger les peines suivantes :

1. La réprimande ;
2. Les arrêts pour trois jours au plus ;
3. La réprimande avec mise à l'ordre ;
4. La prison pour trois jours au plus ;
5. La privation du grade ;
6. Si, dans les communes ou s'étend la juridiction du conseil de discipline, il n'existe ni prison, ni local pouvant en tenir lieu, ce conseil pourra commuer la peine en une amende d'une journée à dix journées de travail.

85. Sera puni de la réprimande l'officier qui aura commis une infraction, même légère, aux règles du service.

86. Sera puni de la réprimande, avec mise à l'ordre, l'officier qui, étant de service ou en uniforme, tiendra une conduite propre à porter atteinte à la discipline de la garde nationale ou à l'ordre public.

87. Sera puni des arrêts ou de la prison, suivant la gravité des cas, tout officier qui, étant de service, se sera rendu coupable des fautes suivantes :

1. La désobéissance et l'insubordination ;
2. Le manque de respect, les propos offensans et les insultes envers des officiers d'un grade supérieur.

3. Tout propos outrageant envers un subordonné, et tout abus d'autorité;

4. Tout manquement à un service commandé;

5, Toute infraction aux règles de service;

88, Les peines énoncées dans les articles 85 et 86 pourront, dans les mêmes cas, et suivant les circonstances, être appliquées aux sous-officiers, caporaux et gardes nationaux.

89, Pourra être puni de la prison pendant un temps qui ne pourra excéder deux jours, et, en cas de récidive trois jours ,

1, Tout sous-officier, caporal et garde national coupable de désobéissance et d'insubordination, ou qui aura refusé, pour la seconde fois, un service d'ordre et de sûreté;

2, Tout sous-officier, caporal et garde national qui, étant de service, sera dans un état d'ivresse ou tiendra une conduite qui porte atteinte à la discipline de la garde nationale ou à l'ordre public.

3. Tout garde national qui, étant de service, aura abandonné ses armes ou son poste avant qu'il ne soit relevé.

90. Sera privé de son grade tout officier, sous-officier ou caporal, qui, après avoir subi une condamnation du conseil de discipline, se rendra coupable d'une faute qui entraîne l'emprisonnement, s'il s'est écoulé moins d'un an depuis la première condamnation. Pourra également être privé de son grade tout officier, sous-officier et caporal qui aura abandonné son poste avant qu'il ne soit relevé.

Tout officier, sous-officier ou caporal privé de son grade par jugement ne pourra être réélu qu'aux élections générales,

91. Le garde national prévenu d'avoir vendu à son profit les armes de guerre ou les effets d'équipement qui lui ont été confiés par l'État ou par les communes, sera renvoyé devant le tribunal de police correctionnelle, pour y être poursuivi à la diligence du ministère public, et puni, s'il y a lieu, de la peine portée en l'article 408 du code pénal, sauf l'application, le cas échéant, de l'article 463 dudit Code. Le jugement de condamnation prononcera

la restitution au profit de l'État ou de la commune, du prix des armes ou des effets vendus.

92. Tout garde national qui, dans l'espace d'une année, aura subi deux condamnations du conseil de discipline pour refus de service, sera pour la troisième fois, traduit devant les tribunaux de police correctionnelle, et condamné à un emprisonnement qui ne pourra être moindre de cinq jours, ni excéder dix jours.

En cas de récidive, l'emprisonnement ne pourra être moindre de dix jours, ni excéder vingt jours.

Il sera en outre condamné aux frais et à une amende qui ne pourra être moindre de cinq francs ni excéder quinze francs dans le premier cas, et dans le deuxième être moindre de quinze francs, ni excéder cinquante francs.

93. Tout chef de corps, poste ou détachemement de la garde nationale qui refusera d'obtempérer à une réquistion des magistrats ou fonctionnaires investis du droit de requérir la force publique, ou qui aura agi sans réquisition et hors des cas prévus par la loi, sera poursuivi devant les tribunaux, et puni conformément aux articles 234 et 258 du code pénal.

La poursuite entraînera la suspension, et s'il y a condamnation, la perte du grade.

§ II. *Des conseils de discipline.*

Article 94. Il y aura un conseil de discipline :

1. Par bataillon communal ou cantonnal ;

2. Par commune ayant une ou plusieurs compagnies non réunies en bataillon ;

3. Par compagnie formée de gardes nationaux de plusieurs communes.

95. Dans les villes qui comprendront une ou plusieurs légions, il y aura un conseil de discipline pour juger les officiers supérieurs de légion et officiers d'état-major non justiciables des conseils de discipline ci-dessus.

96. Le conseil de discipline de la garde nationale d'une commune ayant une ou plusieurs compagnies non reunies en bataillon, et celui d'une compagnie formée de gardes nationaux de plusieurs communes, seront composés de cinq juges, savoir :

Un capitaine président, un lieutenant ou un sous-lieutenant, un sergent, un caporal et un garde national.

97. Le conseil de discipline du bataillon sera composé de sept juges, savoir : le chef de bataillon président, un capitaine, un lieutenant ou un sous-lieutenant, un sergent, un caporal et deux gardes nationaux.

98. Le conseil de discipline, pour juger les officiers supérieurs et officiers d'état-major, sera composé de sept juges, savoir : d'un chef de légion président, de deux chefs de bataillon, deux capitaines et deux lieutenants ou sous-lieutenans.

99. Lorsqu'une compagnie sera formée des gardes nationaux de plusieurs communes, le conseil de discipline siégera dans la commune la plus populeuse.

100. Dans le cas où le prévenu serait officier, deux officiers du grade du prévenu entreront dans le conseil de discipline, et remplaceront les deux derniers membres.

S'il n'y a pas dans la commune deux officiers du grade du prévenu, le sous-préfet les désignera par la voie du sort, parmi ceux du canton, et s'il ne s'en trouve pas dans le canton, parmi ceux de l'arrondissement.

S'il s'agit de juger un chef de bataillon, le préfet désignera par la voie du sort deux chefs de bataillon des cantons ou des arrondissemens ciconvoisins.

101. Il y aura, par conseil de discipline de bataillon ou de légion, un rapporteur ayant rang de capitaine ou de lieutenant, et un secrétaire ayant rang de lieutenant ou de sous-lieutenant.

Dans les villes où il se trouvera plusieurs légions, il y aura par conseil de discipline, un rapporteur adjoint et un secrétaire adjoint, du grade inférieur à celui du rapporteur et du secrétaire.

102. Lorsque la garde nationale d'une commune ne formera qu'une ou plusieurs compagnies non réunies en bataillon, un officier ou un sous-officier remplira les fonctions de rapporteur, et un sous-officier celles du secrétaire du conseil de discipline.

103. Le sous-préfet choisira l'officier ou les sous-officiers rapporteurs et secrétaires du conseil de discipline, sur des listes de trois candidats désignés par le chef de légion, ou, s'il n'y a pas de légion, par le chef de bataillon.

Dans les communes où il n'y a pas de bataillon, des listes de candidats seront dressées par le plus ancien capitaine.

Les rapporteurs, rapporteurs adjoints, secrétaires et secrétaires adjoints, seront nommés pour trois ans; ils pourront être réélus.

Le préfet, sur le rapport des maires et des chefs de corps, pourra les révoquer; il sera dans ce cas, procédé immédiatement à leur remplacement par le mode de nomination ci-dessus indiqué.

104. Les conseils de discipline sont permanens; ils ne pourront juger que lorsque cinq membres au moins seront présens dans les conseils de bataillon et de légion, et trois membres au moins dans les conseils de compagnie. Les juges seront renouvelés tous les quatre mois. Néanmoins, lorsqu'il n'y aura pas d'officier du même grade que le président ou les juges du conseil de discipline, ceux-ci ne seront pas remplacés.

105. Le président du conseil de recensement, assisté du chef de bataillon, ou du capitaine commandant, si les compagnies ne sont pas réunies en bataillon, formera, d'après le contrôle du service ordinaire, un tableau général, par grade et par rang d'âge, de tous les officiers, sous-officiers et caporaux, et d'un nombre double de gardes nationaux de chaque bataillon, ou des compagnies de la commune, ou de la compagnie formée de plusieurs communes.

Ils deposeront ce tableau, signé par eux au lieu des séances du conseil de discipline, où chaque garde national pourra en prendre connaissance.

106. Lorsque la garde nationale d'une commune ou d'un canton n'aura qu'un seul conseil de discipline, les gardes nationaux faisant partie des corps d'artillerie, de sapeurs-pompiers et de cavalerie, seront justiciables de ce conseil.

S'il y a plusieurs bataillons dans le même canton, les gardes nationaux ci-dessus désignés seront justiciables du même conseil de discipline que les compagnies de leur commune.

S'il y a plusieurs bataillons dans la même commune, le préfet déterminera de quels conseils de discipline les même gardes nationaux seront justiciables.

Dans ces trois cas, les officiers, sous-officiers, caporaux et gardes des corps ci-dessus désignés concourront pour la formation du tableau du conseil de discipline.

Lorsqu'en vertu d'une ordonnance du Roi les corps d'artillerie et de cavelerie seront réunis en légion, ils auront un conseil de discipline particulier.

107. Les juges de chaque grade ou gardes nationaux, seront pris successivement d'après l'ordre de leur inscription au tableau.

108. Tout garde national qui aura été condamné trois fois par le conseil de discipline, ou une fois par le tribunal de police correctionnelle, sera rayé pour une année du tableau servant à former le conseil de discipline.

109. Toute réclamation pour être réintegré sur le tableau, ou pour en faire rayer un garde national, sera portée devant le jury de révision.

§ III. — *De l'instruction et des jugemens.*

110. Le conseil de discipline sera saisi, par le renvoi que lui fera le chef de corps, de tous rapports ou procès-verbaux, eù plaintes constatant les faits qui peuvent donner lieu au jugement de ce conseil.

111. Les plaintes, rapports et procès-verbaux seront adressés à l'officier rapporteur, qui fera citer le prévenu à la plus prochaine des séances du conseil.   S

Le secrétaire enregistrera les pièces ci-dessus.

La citation sera portée à domicile par un agent de la force publique.

112. Les rapports, procès-verbaux ou plaintes constatant des faits qui donneraient lieu à la mise en jugement devant le conseil de discipline du commandant de la garde nationale d'une commune, seront adressés au maire, qui en référera au sous-préfet. Celui-ci procèdera à la composition du conseil de discipline, conformément à l'art. 100.

113. Le président du conseil convoquera les membres sur la réquisition de l'officier rapporteur, toutes les fois que le nombre et l'urgence des affaires lui paraîtront l'exiger.

114. En cas d'absence, tout membre du conseil de discipline non valablement excusé sera condamné à une amende de 5 fr. par le conseil de discipline, et il sera remplacé par l'officier, sous-officier, caporal ou garde national qui devra être appelé immédiatement après lui.

Dans les conseils de discipline des bataillons cantonnaux, le juge absent sera remplacé par l'officier, sous-officier, caporal ou garde national du lieu où siége le conseil, qui devra être appelé d'après l'ordre du tableau.

115. Le garde national cité comparaîtra en personne ou par un fondé de pouvoirs.

Il pourra être assisté d'un conseil.

116. Si le prévenu ne comparaît pas au jour et à l'heure fixés par la citation, il sera jugé par défaut.

L'opposition au jugement par défaut devra être formée dans le délai de trois jours à compter de la notification du jugement. Cette opposition pourra être faite par déclaration au bas de la signification. L'opposant sera cité pour comparaître à la plus prochaine séance du conseil de discipline.

S'il n'y a pas opposition, ou si l'opposant ne comparaît pas à la séance indiquée, le jugement par défaut sera définitif.

117. L'instruction de chaque affaire devant le conseil sera publique, à peine de nullité.

La police de l'audience appartiendra an président qui pourra faire expulser ou arrêter quiconque troublerait l'ordre.

Si le trouble est causé par un délit, il en sera dressé procès-verbal

L'auteur du trouble sera jugé de suite par le conseil, si c'est un garde national, et si la faute n'emporte qu'une peine que le conseil puisse prononcer.

Dans tout autre cas, le prévenu sera renvoyé, et le procès verbal transmis au procureur du Roi.

118. Les débats devant le conseil auront lieu dans l'ordre suivant :

Le secrétaire appellera l'affaire ;

En cas de récusation, le conseil statuera. Si la récusation est admise, le président appellera, dans les formes indiquées par l'article 114, les juges suppléans nécesaires pour completter le conseil.

Si le prévenu décline la juridiction du conseil de discipline, le conseil statuera d'abord sur sa compétence; s'il se déclare incompétent, l'affaire sera renvoyée devant qui de droit.

Le secrétaire lira le rapport, le procès-verbal ou la plainte, et les pièces à l'appui.

Les témoins, s'il en a été appelé par le rapporteur et le prévenu, seront entendus.

Le prévenu ou son conseil sera entendu.

Le rapporteur résumera l'affaire et donnera ses conclusions.

L'inculpé ou son fondé de pouvoirs et son conseil pourront proposer leurs observations.

Ensuite, le conseil délibérera en secret et hors de la présence du rapporteur, et le président prononcera le jugement.

119. Les mandats d'exécution de jugement des conseils de discipline seront délivrés dans la même forme que ceux des tribunaux de simple police.

120. Il n'y aura de recours contre les jugemens définitifs des conseils de discipline que devant la cour de cassation, pour incompétence ou excès de pouvoirs, ou contravention à la loi.

Le pourvoi en cassation ne sera suspensif qu'à l'égard des jugemens prononçant emprisonnement, et sera dispensé de la mise en état.

Dans tons les cas, ce recours ne sera assujéti qu'au quart de l'amende établie par la loi.

121. Tous actes de poursuites devant les conseils de discipline, tous jugemens, recours et arrêts rendus en vertu de la présente loi, seront dispensés du timbre et enregistrés gratis.

122. Le garde national condamné aura trois jours francs, à partir du jour de la notification, pour se pourvoir en cassation.

TITRE IV.

Mesures exceptionnelles et transitoires pour la garde nationale en service ordinaire.

123. Dans les trois mois qui suivront la promulgation de la présente loi, il sera procédé à une nouvelle élection d'officiers, sous-officiers et caporaux dans tous les corps de la garde nationale.

Néanmoins, le gouvernement pourra suspendre pendant un an la réélection des officiers dans les localités où il le jugera convenable.

124. Le roi pourra suspendre l'organisation de la garde nationale pour une année dans les communes qui forment un ou plusieurs cantons, et dans les communes rurales pour un temps qui ne pourra excéder trois ans.

Les délais ne pourront être prorogés qu'en vertu d'une loi.

125. Les organisations actuelles de la garde nationale par compagnies, par bataillons et par légions qui ne se trouveraient pas conformes aux dispositions de la présente loi pourront être provisoirement maintenues par une ordonnnance du roi, sans toutefois que cette autorisation puisse dépasser l'époque du premier janvier 1832.

126. Les compagnies qui dépassent le maximum fixé par la présente loi ne recevront pas de nouvelles incorporations jusqu'à ce qu'elles soient rentrées dans les limites voulues par cette loi, à moins que toutes les compagnies du bataillon ne soient au complet.

TITRE V.

Des détachemens de la garde nationale.

SECTION Ire.—*Appel et service des détachemens.*

127. La garde nationale doit fournir des détachemens dans les cas suivans :

1°. Fournir par détachemens, en cas d'insuffisance de la gendarmerie et de la troupe de ligne, le nombre d'hommes nécessaires pour escorter d'une ville à l'autre les convois de fonds ou d'effets appartenant à l'état, et pour la conduite des accusés, des condamnés et autres prisonniers.

2°. Fournir des détachemens pour porter secours aux communes, arrondissemens et départemens voisins qui seraient troublés ou menacés par des émeutes ou des séditions, ou par l'incursion de voleurs, brigands et autres malfaiteurs.

128. Lorsqu'il faudra porter secours d'un lieu dans un autre pour le maintien ou le rétablissement de l'ordre et de la paix publique, des détachemens de la garde nationale, en service ordinaire, seront fournis afin d'agir dans toute l'étendue de l'arrondissement, sur la réquistion du sous-préfet; dans toute l'étendue du département, sur la réquisition du préfet : enfin s'il faut agir hors du département, en vertu d'une ordonnance du Roi.

En cas d'urgence et sur la demande écrite du maire d'une commune en danger, les maires des communes limitrophes, sans distinction de département, pourront néanmoins requérir un détachement de la garde nationale.

de marcher immédiatement sur le point menacé, sauf à rendre compte, dans le plus bref délai, du mouvement et des motifs à l'autorité supérieure.

Dans tous ces cas, les détachemens de la garde nationale ne cesseront pas d'être sous l'autorité civile. L'autorité militaire ne prendra le commandement des détachemens de la garde nationale pour le maintien de la paix publique que sur la réquisition de l'autorité administrative.

129. L'acte en vertu duquel, dans les cas déterminés par les deux articles précédens, la garde nationale est appelée à faire service par détachement, fixera le nombre des hommes requis.

130. Lors de l'appel fait conformément aux articles précédens, le maire, assisté du commandant de la garde nationale de chaque commune, formera les détachemens parmi les hommes inscrits sur le controle du service ordinaire, en commençant par les célibataires et les moins agés.

131. Lorsque les détachemens des gardes nationales s'éloigneront de leur commune pendant plus de 24 heures, ils seront assimilés à la troupe de ligne pour la solde, l'indemnité de route et les prestations en nature.

132. Les détachemens à l'intérieur, ne pourront être requis de faire un service hors de leurs foyers de plus de dix jours, sur la réquisition du sous-préfet; et de plus de vingt jours, sur la réquisition du préfet; et de plus de soixante jours en vertu d'une ordonnance du Roi.

SECTION II. — *Discipline.*

133. Lorsque, conformément à l'article 127, la garde nationale devra fournir des détachemens en service ordinaire, sur la réquisition du sous-préfet, du préfet, ou en vertu d'une ordonnance du Roi, les peines de discipline seront fixées ainsi qu'il suit;

Pour les officiers :

1°. Les arrêts simples pour dix jours au plus ;

2°. La réprimande avec mise à l'ordre ;

3°. Les arrêts de rigueur pour six jours au plus ;

4°. La prison pour trois jours au plus ;

Pour les sous-officiers, caporaux et soldats ;

1°. La consigne pour dix jours au plus ;

2. La réprimande avec mise à l'ordre ;

3°. La salle de discipline pour six jours au plus ;

4ᵉ. La prison pour quatre jours au plus.

134. Les peines des arrêts de rigueur, de la prison et de la réprimande avec mise à l'ordre, ne pourront être infligées que par le chef du corps ; les autres peines pourront l'être par tout supérieur à son inférieur, à la charge d'en rendre compte dans les vingt-quatre heures, en observant la hiérarchie des grades.

135. La privation du grade pour les causes énoncées dans les articles 90 et 93, sera prononcée par un conseil de discipline, composé ainsi qu'il est dit à la section 8 du titre 3.

Il n'y aura qu'un seul conseil de discipline pour tous les détachemens formés d'un même arrondissement de sous-préfecture.

136. Tout garde national désigné pour faire partie d'un détachement, qui refusera d'obtempérer à la réquisition, ou qui quittera le détachement sans autorisation, sera traduit en police correctionnelle, et puni d'un emprisonnement qui ne pourra excéder un mois ; s'il est officier sous-officier ou caporal, il sera en outre privé de son grade.

Dispositions communes aux deux titres précédens.

137. Les gardes nationaux blessés pour cause de service auront droit aux secours, pensions et récompenses que la loi accorde aux militaires en activité de service.

TITRE VI.

Des corps détachés de la garde nationale pour le service de guerre.

Section première, — *Appel et service des corps détachés.*

138. La garde nationale doit fournir des corps détachés pour la défense des places fortes, des côtes et des frontières du royaume, comme auxiliaires de l'armée active.

Le service de guerre des corps détachés de la garde nationale, comme auxiliaires de l'armée active, ne pourra pas durer plus d'une année.

139. Les corps détachés ne pourront être tirés de la garde nationale qu'en vertu d'une loi spéciale, ou, pendant l'absence des Chambres, par une ordonnance du Roi, qui sera convertie en loi lors de la première session.

140 L'acte en vertu duquel la garde nationale est appelée à fournir des corps détachés pour le service de guerre, fixera le nombre des hommes requis.

Section II. — *Désignation des gardes nationaux pour la formation des corps détachés.*

141. Lors de l'appel fait en vertu d'une loi ou d'une ordonnance, conformément à l'article 139, les corps détachés de la garde nationale se composeront :

1°. Des gardes nationaux qui se présenteront volontairement, et qui seront trouvés propres au service actif ;

2°. Des jeunes gens de dix-huit à vingt ans qui se présenteront volontairement, et qui seront également reconnus propres au service actif ;

3°. Si ces enrôlemens ne suffisaient pas pour compléter le contingent demandé, les hommes seront désignés dans l'ordre spécifié dans l'article 143 ci-après.

(141)

142. Les jeunes gens de dix-huit à vingt ans, enrôlés volontaires ou remplaçans dans les corps détachés de la garde nationale, resteront soumis à la loi de recrutement.

Mais le temps que les volontaires auront servi dans les corps détachés de la garde nationale leur comptera en déduction de leur service dans l'armée régulière, si plus tard ils y sont appelés.

143. Les désignations des gardes nationaux pour les corps détachés seront faites par le conseil de recensement de chaque commune parmi tous les inscrits sur le contrôle du service ordinaire, et sur le contrôle du service extraordinaire dans l'ordre qui suit :

Première classe, les célibataires ;

Seront considérés comme célibataires tous ceux qui, postérieurement à la promulgation de la présente loi, se marieraient avant d'avoir atteint l'âge de vingt-trois ans;

2. Les veufs sans enfans ;

3. Les mariés sans enfans;

4. Les mariés avec enfans.

144 Pour la classe des célibataires, les contingens seront répartis proportionnellement au nombre d'hommes appartenant à chaque année, depuis vingt jusqu'à trente-cinq ans.

Dans chaque année, la désignation se fera d'après l'âge.

Pour chaque année, depuis vingt ans jusqu'à vingt-trois, les veufs et mariés seront considérés comme plus âgés que les célibataires de cette année, auxquels ils sont assimilés par l'art. 143, paragraphe 1er.

Dans chacune des autres classes successives, les appels seront toujours faits en commençant par les moins âgés, jusqu'à l'âge de trente ans.

145 L'aîné d'orphelins mineurs de père et mère, le fils unique ou l'aîné des fils, ou, à défaut de fils, le petit-fils ou l'aîné des petits-fils d'une femme actuellement veuve, d'un père aveugle ou d'un vieillard septuagénaire, prendront rang dans l'appel au service des corps détachés entre les mariés avec enfans et les mariés sans enfans.

146 En cas de réclamations pour les désignatione faites par le conseil de recensement, il sera statué par le jury de révision.

147 Ne sont point aptes au service des corps détachés :

1. Les gardes nationaux qui n'auront pas la taille fixée par la loi du recrutement ;

2. Ceux que des infirmités constatées rendront impropres au service militaire.

148. L'aptitude au service sera jugée par un conseil de révision, qui se réunira dans le lieu ou devra se former le bataillon.

Le conseil se composera de sept membres, savoir :

Le préfet, président, et à son défaut le conseiller de préfecture qu'il aura délégué :

Trois membres du conseil de recensement, désignés par le préfet parmi les membres du conseil de recensement des communes qui concourent à la formation du bataillon ;

Le chef de bataillon ;

Et deux des capitaines dudit bataillon, nommés par le général commandant la subdivision militaire ou le département.

149 Les conseils de révision apprécieront les motifs d'exemption relatifs au nombre des enfans.

150 Les gardes nationaux qui ont des remplaçans à l'armée ne sont pas dispensés du service de la garde nationale dans les corps détachés ; toutefois ils ne prendront rang dans l'appel qu'après les veufs sans enfans.

151 Le garde national désigné pour faire partie d'un corps détaché pourra se faire remplacer par un Français âgé de 18 ans à 40 ans.

Le remplaçant devra être agréé par le conseil de révision.

152 Si le remplaçant est appelé à servir pour son compte dans un corps détaché de la garde nationale, le remplacé sera tenu d'en fournir un autre ou de marcher lui-même.

153 Le remplacé sera, pour le cas de désertion, responsable de son remplaçant.

154 Lorsqu'un garde national porté sur le rôle du service ordinaire se sera fait remplacer dans un corps détaché de la garde nationale, il ne cessera pas pour cela de concourir au service ordinaire de la garde nationale.

Section 3. —*Formation, nomination aux emplois et administration des corps détachés de la garde nationale.*

155 Les corps détachés de la garde nationale, en vertu des articles 138 et 139, seront organisés par bataillon d'infanterie, et par escadron ou compagnie pour les autres armes. Le Roi pourra ordonner la réunion de ces bataillons ou escadrons en légions.

156 Des ordonnances du Roi détermineront l'organisation des bataillons, escadrons et compagnies; le nombre, le grade des officiers; la composition et l'installation des conseils d'administration.

157 Pour la première organisation, les caporaux et sous-officiers, les sous-lieutenans et lieutenans seront élus par les gardes nationaux. Néanmoins; les fourriers, sergens-majors, maréchaux-des-logis chefs et adjudans sous-officiers, seront désignés par les capitaines et nommés par les chefs de corps.

Les officiers comptables, les adjudans-majors, les capitaines et les officiers supérieurs seront à la nomination du Roi.

158 Les officiers à la nomination du Roi pourront être pris indistinctement dans la garde nationale; dans l'armée où parmi les militaires en retraite.

159 Les corps détachés de la garde nationale, comme auxiliaires de l'armée, sont assimilés, pour la solde et les prestations en nature, à la troupe de ligne.

Une ordonnance du Roi déterminera les premières mises, les masses et les accessoires de la solde.

Les officiers, sous officiers et soldats jouissant d'une pension de retraite, cumuleront, pendant la durée du service, avec la solde d'activité des grades qu'ils auront obtenus dans les corps détachés de la garde nationale.

160 L'uniforme et les marques distinctives des corps dé-

tachés seront les mêmes que ceux de la garde nationale en service ordinaire.

Le gouvernement fournira l'habillement, l'armement et l'équipement aux gardes nationaux qui n'en seraient pas pourvus, ou qui n'auraient pas le moyen de s'équiper et de s'armer à leurs frais.

Section IV. — *Discipline des corps détachés.*

161 Lorsque les corps détachés de la garde nationale seront organisés, ils seront soumis à la discipline militaire.

Néanmoins, lorsque les gardes nationaux refuseront d'obtempérer à la réquisition, ils seront punis d'un emprisonnement qui ne pourra excéder deux ans; et lorsqu'ils quitteront leur corps sans autorisation, hors de la présence de l'ennemi, ils seront punis d'un emprisonnement qui ne pourra excéder trois ans.

Dispositions générales.

Art. 162 Sont et demeurent abrogées toutes les dispositions des lois, décrets ou ordonnances relatives à l'organisation et à la discipline des gardes nationales.

Sont et demeurent abrogées les dispositions relatives au service et à l'administration des gardes nationales, qui seraient contraires à la présente loi.

AUXONNE, Imprimerie de X.-T. Saunié.

www.ingramcontent.com/pod-product-compliance
Ingram Content Group UK Ltd.
Pitfield, Milton Keynes, MK11 3LW, UK
UKHW020839120726
13693UKWH00002B/739